我国刑事搜查启动要件问题研究

何成兵 著

浙江工商大学出版社
ZHEJIANG GONGSHANG UNIVERSITY PRESS
·杭州·

图书在版编目(CIP)数据

我国刑事搜查启动要件问题研究 / 何成兵著. — 杭州 : 浙江工商大学出版社,2020.6

ISBN 978-7-5178-3883-8

Ⅰ. ①我… Ⅱ. ①何… Ⅲ. ①刑事犯罪－犯罪侦察－司法制度－研究－中国 Ⅳ. ①D924.114

中国版本图书馆 CIP 数据核字(2020)第 087550 号

我国刑事搜查启动要件问题研究

WOGUO XINGSHI SOUCHA QIDONG YAOJIAN WENTI YANJIU

何成兵 著

责任编辑	唐 红	
封面设计	林朦朦	
责任印制	包建辉	
出版发行	浙江工商大学出版社	
	(杭州市教工路 198 号 邮政编码 310012)	
	(E-mail:zjgsupress@163.com)	
	(网址:http://www.zjgsupress.com)	
	电话:0571－88904980,88831806(传真)	
排 版	杭州朝曦图文设计有限公司	
印 刷	虎彩印艺股份有限公司	
开 本	889mm×1194mm 1/32	
印 张	10.125	
字 数	201 千	
版印次	2020 年 6 月第 1 版 2020 年 6 月第 1 次印刷	
书 号	ISBN 978-7-5178-3883-8	
定 价	42.00 元	

本著作是以下项目资助成果：

浙江警官职业学院博士文库资助项目

前　言

　　刑事诉讼与人权保障息息相关。在刑事诉讼中,保护犯罪嫌疑人和被告人的诉讼权利是人权保障的具体体现。这是因为保护犯罪嫌疑人和被告人诉讼权利其实不仅是保护具体人的权利,也是对不特定的社会大众的保护。因为犯罪嫌疑人和被告人完全可能是不特定的人或者是与案件没有关系的人。如果没有这种保护,社会中的每一个人都可能成为刑事司法中被损害的对象。为了保护社会中无辜的人尽量不受到刑事追究,我们就必须重视刑事案件中犯罪嫌疑人和被告人的诉讼权利保障。

　　可以说,对刑事诉讼中犯罪嫌疑人、被告人权利的保护以及保护力度的强弱从一个侧面体现了一个国家的法治水平和对人权保障的基本态度。我国法治建设的推进和人权保障的国际化趋势要求对刑事搜查制度加以改革和完善。诚然,同其他任何制度一样,我国刑事搜查制度也有其历史的合理性。正如苏力教授所指出的："当一个制度或规则能够在历史上或某一特定时期内比较长期地存在,应当说这一制度和规则必定曾满足了接受这一制度或规则的人们的特定的需求。否则这一制度就不可能比较长期地存在和延续,除非是长期地使用暴力强制人们接受;而长期运用暴力几乎是不可能的,因为即使是使用暴力也需要代价。"因此,尽管我国刑事搜查制度存在这样那样的问题,也不能因此否定其意义和作用。我们既要认识到我国现行搜查制度的合理性,也要看到该制度本身的局限性及对制度进行改革和完善的必要性。因为任何必要的改革都是进步,刑事搜查制度也不例外。

目录

Contents

1

绪　论

　　"大家好,我叫爱德华·斯诺登。就在一个多月之前,我还有家庭,我的家安在天堂般的乐园,我的生活相当舒适惬意。我还可以不用任何授权,就可以在任何时间搜索、截取以及审阅任何人的通信信息。我拥有这种能力。这是一种能改变人类命运的力量。这也是对法律的严重侵犯。我的国家——美国宪法第四和第五修正案、《世界人权宣言》第十二条,以及众多法规和条约都明令禁止这样大规模、无孔不入的监视系统存在。虽然美国宪法将这样的项目列为非法,但美国政府认为,在世界不允许发现的、秘密法庭的裁决下,某种程度上可以使得这种非法的事情合法化。这些裁决真正腐蚀了正义最基本的概念——不想被发现,除非己莫为。(即使)通过秘密法规,不道德的行为也不能成为有道德的行为。"

　　这是"维基解密"网站 2013 年 7 月 12 日刊登的斯诺登面向

各家人权组织发表的声明中的一段话。美国中央情报局前（CIA）雇员，亦是美国国家安全局（NSA）的美籍技术承包人，斯诺登在 2013 年 6 月将美国国家安全局关于 PRISM 监听项目的秘密文档披露给了《卫报》和《华盛顿邮报》。棱镜计划的曝光，使得美国政府颜面尽失，狼狈不堪。

"棱镜"窃听计划始于 2007 年的小布什时期，美国情报机构一直在九家美国互联网公司中进行数据挖掘工作，从音视频、图片、邮件、文档以及连接信息中分析个人的联系方式与行动。监控的类型有十类：信息电邮、即时消息、视频、照片、存储数据、语音聊天、文件传输、视频会议、登录时间、社交网络资料的细节。其中包括两个秘密监视项目：一是监视、监听民众电话的通话记录；二是监视民众的网络活动。这种大规模的以"反恐"名义进行的监控活动，在世界范围内引起轩然大波。在公众对美国政府无视公民隐私权进行谴责与唾弃的同时，这一行为更应该引起法学界的关注。这种打着"反恐"旗号而兴起的铺天盖地的监控行为，究其实质是刑事侦查中的一种手段。虽然学界对这种监控行为的定性并未统一，但网络电话等的监控会侵害到公民的隐私权、通信秘密权等是共识。对此，在刑事诉讼法学中讨论这种监控行为，分析其对于法治的利弊及如何规制，便有了极其切实的现实意义。

近代以来，法律思潮的主流理念为有侵害必有救济，保障相对人的正当权益。就刑事诉讼而言，保障被搜查人的人权及其物质和精神利益得到有效回复则成为立法的题中应有之义。在刑事侦查法律体系中,刑事搜查作为一种重要的强制性侦查行为,在当今世界各主要法治国家的刑事诉讼实践中被广泛采用。根据我国学界的主流观点,"搜查,是指侦查人员对犯罪嫌疑人以及可能隐藏罪犯或者犯罪证据的人的身体、物品、住处和其他有关的地方进行搜索检查的一种侦查活动"。[①] 有些学者则进一步指明了搜查的功能和任务,"搜查是指侦查人员为了收集证据、查获犯罪嫌疑人,依法对犯罪嫌疑人以及可能隐藏犯罪嫌疑人或者罪证的人的身体、物品、住处和其他有关地方进行搜寻、检查的一种侦查行为"。[②] 根据搜查行为是否需要事先获得法官签发的令状为标准,可分为有证搜查和无证搜查。作为搜查行为的常规形态,有证搜查是指侦查人员根据事先获得法官签发的搜查令状而对被搜查人实施的强制搜查,这是司法审查原则在强制性侦查行为体系中的具体运用。由于搜查是需要具备一定理由或事实基础才具有合法性的刑事侦查行为,其主要任务是搜寻犯罪证据,而公民的住所往往是搜查的主要对象。因此搜查是一柄双刃剑,在实现获取证据的同时,往往带来侵犯公民财产权和隐私权的负面效果,有时也会使已取得的证据因法律程序上的瑕疵而被法官认定为非法证据予以排除。从世界范围来看,主要法治国家的刑

---

① 陈光中.刑事诉讼法学(第 2 版)[M].北京:高等教育出版社,2005:289.
② 龙宗智.刑事诉讼法学[M].北京:高等教育出版社,2003:263.

事法律对搜查行为的实施设定了严格的证明标准,侦查人员在实施搜查行为之前必须提供证据证明搜查行为具有正当性和必要性。

由于搜查涉及国家公权力对个人权利的干预,它不仅可能对犯罪嫌疑人、被告人的人身仅、财产权造成侵犯,还有可能对案外人的财产权、隐私权等权利构成侵扰。因此,世界各国大都在刑事诉讼法中严格规定了搜查的运行程序,部分国家还将其上升到宪法的高度。然而,在对搜查进行规制中,如何规定刑事搜查的证明标准以正当地启动程序显得非常重要。因为国家权力因刑事搜查程序的启动而进入特定的案件范围,并产生对特定公民或特定空间的强制作用,犯罪嫌疑人则不得不开始面对以搜寻、检查为行为特征的另一种国家暴力。① 我国《刑事诉讼法》对搜查程序的规定过于简单,仅用了五个条文规定搜查的主体、目的等,而对搜查启动的要件、证明的标准等均未规定。这无疑给了搜查这一侦查手段极大的空间,从而为公民权利的保障留下了隐患。综观世界,美国作为崇尚自由民主的国度,依然出现了对公民权利肆意践踏的棱镜门事件,这给了全球积极追求法治进程的国家以警示:怎样权衡刑事侦查领域内公权力和公民私权利之间的界限? 怎样规范刑事搜查程序使之在这一界点指引下既保障刑事

---

① 潘利平.我国刑事搜查启动程序问题研究[J].社会科学研究,2004(5):91-94.

侦查,又维护公民的合法权利? 我们如何汲取前车之鉴,确立科学合理的刑事搜查证明标准? 这些都需要法学界致力于刑事搜查证明标准的研究,来完善这一刑事侦查制度。

2012 年是中国刑事诉讼制度的变革之年。在国际人权思潮影响下,在国内社会公众不断呼应下,在司法实务界不断努力下,中国第二个《刑事诉讼法》修正案得以通过。从内容上讲,此次《刑事诉讼法》各重要组成部分均充斥着较重要的革新。例如,基本原则体系方面,"引入人权保障条款"和"容纳禁止强迫自证己罪特权条款"等;[1]强制措施制度方面,明确和细化了各类强制措施的适用要件与程序,进一步强化了我国强制措施体系的系统性与层次性;[2]审判程序方面,完善第一审普通程序、优化简易程序、强化第二审程序、延长审判期限、改革死刑复核程序、规范审判监督程序等。[3] 尽管这些重要改革在学界还存在不少争议甚至局限,但是,毕竟理念更替与制度修订正在发生。然而,在回顾上述可喜成绩的同时,我们也能够清晰地发现,刑事诉讼中的重头戏——侦查领域,尤其是在侦查程序的规范性和司法化方面,仍缺乏较大力度的变更。搜查程序就是其中较为典型的

---

① 吴宏耀,周媛媛.我国刑事诉讼制度的新发展:以基本原则为视角[J].公民与法(法学版),2012(6):6-8.

② 卞建林,张璐.刑事强制措施的完善与实施[J].安徽大学学报(人文社科版),2013(1):115-123.

③ 汪建成.刑事审判程序的重大变革及其展开[J].法学家,2012(3):89-98.

一例。

所谓刑事搜查,是指为了查获被追诉人或犯罪证据以及其他违禁品,而搜寻查看被追诉人或第三人的身体、物品、住宅以及其他处所的侦查行为。鉴于搜查之运行极有可能对公民的隐私权造成干预或侵犯,因此,各国均致力于通过法律或判例对该强制侦查行为设定程序行使要件和司法救济机制,以规范其启动与实施。同样,学理上,无论是遵循大陆法系传统,还是英美法系传统的刑诉教科书中,对搜查程序的探讨均占据重要地位。然而,2012 年的《刑事诉讼法》对 1996 年《刑事诉讼法》"侦查"章中第五节"搜查"之规定,未增加任何新的条款,除对其中一条做些许调整之外,其余条款悉数维持原态。可以说,在修法之前,1996 年《刑事诉讼法》使用区区五个条款来规范该如此重要的强制侦查行为,已然显现出横向比较层面的粗陋;2012 年《刑事诉讼法》这种诸多变革之中的"不变",则更凸显了中国刑事司法在纵向发展维度上的保守性。

我国《刑事诉讼法》第 134 条至第 138 条对"搜查"规定如下:"为了收集犯罪证据、查获犯罪人,侦查人员可以对犯罪嫌疑人以及可能隐藏罪犯或者犯罪证据的人的身体、物品、住处和其他有关的地方进行搜查,但不得少于 2 人。任何单位和个人,有义务按照人民检察院和公安机关的要求,交出可以证明犯罪嫌疑人有罪或者无罪的物证、书证、视听资料。进行搜查,必须向被搜查人出示搜查证。在执行逮捕、拘留的时候,遇有紧急情况,不另用搜查证也可以进行搜查。在搜查的时候,应当有被搜查人或者他的家属、邻居或者其他见证人在场。搜查妇女的身体,应当由女工作人员进行。搜查的情况应当写成笔录,由侦查人员和被搜查人或者他的家属、邻居或者其他见证人签名或者盖章。如果被搜查人或者他的家属在逃或者拒绝签名、盖章,应当在笔录上注明。必要时可以进行拍照和录像。"从上述内容可以看出,我国《刑事诉讼法》对搜查的目的、搜查的程序、妇女身体的搜查、搜查的见证以及无证搜查等方面做了较为清晰的规定。但对于搜查的根据或者证据标准则没有做出任何规定,搜查的结果即是采取搜查的理由或证明标准。此外,《公安机关程序》第 205 条、《检察院规则》第 175 条对搜查做了类似的规定。

从立法的层面看,一方面,我国关于搜查的立法仍然过于粗疏,搜查的权力边界不明,使侦查人员的搜查行为往往无章可循、无法可依,甚至导致滥用搜查、越权搜查。我国对搜查的实质理由几乎没有规定,侦查人员采取搜查措施不需要任何理由。以搜查对象为例,法律规定的"犯罪嫌疑人以及可能隐藏罪犯或者犯罪证据的人的身体、物品、住处和其他有关的地方",从理论上讲可以涉及任何人身和场所,范围非常宽泛。另一方面,搜查令不仅由侦查机关自行签发,更几乎不存在任何证明标准需要遵照执行,搜查证签发者享有广泛的自行裁量权。总体而言,我国法律对搜查的实质性限定较少,以致实践中有的侦查人员坦言:现在想搜查什么场所,一般都能办到。这实质上导致了这样的结果——几乎没有标准可供评估审批主体的搜查决定，任何搜查证只要签发就是合理的，任何搜查只要有证就是合法的。实践中曾出现公安机关侦查人员持空白搜查证闯入公民家中的案例。① 搜查证在实践中使用的随意甚至混乱状态由此可见一斑。

我国立法是以搜查的结果逆向证明搜查具有合理的理由。这对公民的基本权利构成了难以预测的潜在威胁。我国刑事搜查制度存在的问题于近年再次引起学界和实务界的关注。2009年12月12日，中国政法大学诉讼法学研究院主办了"我国刑事搜查扣押制度的改革与完善"研讨会。研讨会主要围绕刑事搜查与私有财产、个人隐私等宪法权利的保护，我国搜查扣押的实施现状及存在的问题，我国搜查扣押制度的改革与完善进行研讨。研讨会认为，对于搜查行为是否合法的界定，不应当仅仅停留在是否对公民的基本财产权利实施了侵害层面上，而应当衡量该行为是否对公民更根本的个人自主地位造成了损害，应当将搜查所涉及的基本权利与确立搜查程序性规范联系在一起进行考虑。② 遗憾的是，2013年实施的新《刑事诉讼法》对搜查的证明标准并没有予以明确，原因主要是无论在理论上还是实际操作中，制度

---

① 山东首例状告警察涉嫌私闯民宅非法搜查案开庭[N].齐鲁晚报，2002-07-03(3).

② 唐亚南.刑事搜查扣押制度的改革路径，刑事搜查扣押制度的改革与完善研讨会述要[N].人民法院报，2009-12-23(6).

尚未成熟。对此,需要经验的累积和理念的更新,更需要理论先行,对搜查的证明标准展开广泛热烈的探讨论证,在理论与实务的良性互动中,促进这一制度逐步走向成熟。

2

基于马克思主义权力观的
搜查启动权之必要限制

　　在全球引起轩然大波的斯诺登事件,一方面拷问着反恐与公民隐私之间的界限,一方面又暴露了美国试图充当世界警察的真面目;同时,更重要的是,斯诺登事件给了法治社会一记重拳,使我们反思,国家的反恐权力和公民的隐私权利孰轻孰重? 即使反恐必要,这种无孔不入的监控体系,对现代信息社会的侵害有目共睹,如何在法治空间内予以运用? 国家反恐要兼顾公民权利保障。美国斯诺登事件揭露出来的无处不在的监控网络,究其实质是刑事搜查的一种表现方式。这种为了反恐而进行的刑事搜查,是否有了"反恐"这一正义光环就可以肆无忌惮? 反恐不能没有底线,反恐下的刑事搜查可以有所突破,但必须进行必要的控制。应当避免政府部门和反恐专门机构及其人员以反恐的名义、打着反恐的旗号而肆意侵犯人权。

　　由于刑事诉讼程序中控制犯罪和保障人权两种功能并存,搜查程序必然会涉及在安全与自由之间侧重哪一方的问题。犯罪控制观认为,搜查作为重要的法定刑事侦查手段和强制性措施,是刑事程序设计和操作中的重要组成部分。其任务在于发现犯罪证据、查获犯罪嫌疑人,对于揭露和证实犯罪具有重要意义;安全价值是其追求的目标性价值。而从权利保障观来看,搜查所涉及的或所针对的是公民的权利和自由,因此它不可避免地要对公民的权利和自由造成一定程度的限制甚至剥夺,而搜查的滥用则更是对自由价值的严重威胁。由此可以得知,搜查具有明显的双面性:一方面,通过搜查,可以直接获取犯罪证据,捕获犯罪嫌疑人,也可以促使握有罪证的人或窝藏犯罪嫌疑人的人交出罪证和犯罪嫌疑人;另一方面,搜查作为一种侦查的强制措施,必然直接涉及公民的人身权、财产权的保护。所以,搜查行为必须严格依照法律规定的搜查启动程序进行控制。

刑事搜查的启动是搜查程序的逻辑起点和合法性起点。国家权力因刑事搜查程序的启动而进入特定的案件范围,并产生对特定公民或特定空间的强制作用,犯罪嫌疑人则不得不开始面对以搜寻、检查为行为特征的另一种国家暴力。因此,设定科学合理的刑事搜查启动程序,便具备了重大的宪法意义。

中共中央总书记习近平于 2013 年 1 月 22 日在中国共产党第十八届中央纪律检查委员会第二次全体会议上发表重要讲话,指出要加强对权力运行的制约和监督,"把权力关进制度的笼子里",形成不敢腐的惩戒机制、不能腐的防范机制、不易腐的保障机制。

"把权力关进制度的笼子里",不仅仅是党和行政机关的反腐需求,更是司法运行过程中体现公平正义的有效路径。司法是社会正义的最后一道防线,如若权力过于膨胀或随心所欲,则会严重危及公民私权利甚至最终使得公平正义在个案中陨落,导致司法公信力的丧失。

究其实质而言,"把权力关进制度的笼子里"就是对权力的限制,使权力在合理的边界内运行。司法权的运行当然也遵循这样的规律,权力限制理论是一个常谈常新的古老话题,也是法治领域始终在践行的活动准则。

2.1　马克思主义权力观

全面扫描和细致分析马克思的文本后,笔者发现,马克思对权力本质的认识与看法,始终与"关系""力量"和"支配"紧密联系在一起。换言之,马克思的权力概念始终同这三个核心范畴勾连起来,它们是构成权力之不可缺少的根本属性;而且,它们三者之间不是彼此割裂的,而是有机统一的。从马克思的相关论述可以看出,马克思的权力本质观主要由如下三个方面的内容组成。

2.1.1　权力关涉人与人或人与物之间的关系

权力意味着一方同另一方的关系。这里不妨将其用公式表示为 A 与 B 的关系。马克思认为,权力一定意味着 A 与 B 之间的关系,权力只有在这样的关系中才可能存在;没有这样的关系,权力就会成为难以捉摸的东西。这就是说,权力一定是某种特定的关系,只有在与"他者"的关系中才存在。正如马克思在《普鲁士状况》(1859)中引用德国的一句谚语表达的:"如果周围空无一物,皇帝也失去自己的权力。"①皇帝的权力存在的前提是有可供支配的人或者物,孤立的"孤家寡人"是不可能存在权力的。如果皇帝是 A 的话,那么必须有 B 的存在,皇帝的权力才有存在的可能。

那么,权力"关系"中的两端,即 A 和 B 分别有哪些指代呢? A 和 B 的指代具有多样性的特点。它们各自既可以指人,亦可以指物;既可以是个体,亦可以是集体;既可以是个人,亦可以是阶级。

马克思始终是从关系中认识和把握权力的。权力是一种关系,这种关系具体表现为三种形式:人与人的关系、人与物的关

---

① 马克思,恩格斯.马克思恩格斯全集:第 12 卷[M].北京:人民出版社,1962:726.

系、物与人的关系。当然,其中的"物与人的关系",马克思都是作为一种异化的形式存在的,是马克思所极力谴责与批判的,或者说,"物与人的关系"不是本真意义的权力关系。那么,在马克思看来,权力本质上究竟是一种怎样的关系呢? 依凭马克思的相关论述,权力本质上是一种支配关系。

2.1.2　权力意味着支配

在几乎所有关于权力的用法中,马克思都将权力与支配一同使用。为什么是"支配"而不是其他? 唯一的解释就是马克思将"支配"视为权力内在的本质属性。这种"支配"具体表现在以下两个方面。

其一,人对人的支配。在权力支配的众多表现中,"支配"首先表现为人对人的支配。追求和获取权力的目的之一在于支配他人。马克思在评价拿破仑第三陛下追求权力时就曾说过:"以后,他就可以追求奢侈逸乐的玫瑰花冠,追求支配人的权力,追求个人享受。"①拿破仑第三陛下为了能够支配人而追求权力。在马克思那里,权力首先是人对人的支配。除了代表特定阶级利益的个人,特定阶级也掌握了支配其他阶级的权力。马克思说:"土

---

① 　马克思,恩格斯.马克思恩格斯全集:第 13 卷[M].北京:人民出版社,1962:303.

地占有的等级结构以及与之有关的武装扈从制度使贵族掌握了支配农奴的权力。"①这是封建社会的情况。到了资本主义社会，"地主失去了支配农民人身的权力"，②资产阶级掌握了支配无产阶级的权力，正如马克思在《雇佣劳动与资本》中所说的："资本家阶级支配工人阶级的权力增加了，工人的社会地位更坏了，比起资本家的地位来又降低了一级。"③

其二，人对物的支配。这里的"物"，既可以指分工、财富、产品、世界、劳动，又可以指生产资料。比如马克思在《哲学的贫困》一文中指出的支配分工的权力："社会内部的分工愈不受权力的支配，作坊内部的分工就愈发展，愈会从属于一人的权力。"④在《政治经济学批判》中指出的支配社会财富的权力："每个个人行使支配别人的活动或支配社会财富的权力，就在于他是交换价值或货币的所有者。"⑤在《路易·亨·摩尔根〈古代社会〉一书摘要》中指出的支配家庭财产的权力："家长支配家庭成员和支配家

---

① 马克思，恩格斯.马克思恩格斯全集：第 1 卷[M].北京：人民出版社，1962：522.

② 马克思，恩格斯.马克思恩格斯全集：第 19 卷[M].北京：人民出版社，1962：463.

③ 马克思，恩格斯.马克思恩格斯文集：第 1 卷[M].北京：人民出版社，2009：732.

④ 马克思，恩格斯.马克思恩格斯全集：第 47 卷[M].北京：人民出版社，1979：335.

⑤ 马克思，恩格斯.马克思恩格斯全集：第 46 卷[M].北京：人民出版社，1979：103.

庭财产的权力是这种家庭的实质。"①在《德意志意识形态》中指出的支配世界的权力:"他颠蹶,跌倒,忘却了他就是那种'以自己的力量联结世界、解放世界并支配世界'的权力。"②比如在《共产党宣言》中指出的支配别人劳动的权力:"这种直接供生命再生产用的劳动产品的个人占有,我们决不打算消灭它,因为这种占有并不会留下任何剩余东西能为什么人造成支配别人劳动的权力。"③尤其是更多提到的支配劳动的权力:"这部分产品不是用来满足它的所有者的私人需要,而是用来为它的所有者提供抽象的社会财富即货币,提供更大的支配别人劳动的权力。"④再比如马克思在《卡尔·马克思关于土地所有制的发言记录》中所说的支配生产资料的权力:"私有制却给予私有者支配生产资料的权力,他们就借此强迫别人为他们做工。"⑤

---

① 马克思,恩格斯.马克思恩格斯全集:第 45 卷[M].北京:人民出版社,1979: 364.

② 马克思,恩格斯.马克思恩格斯全集:第 3 卷[M].北京:人民出版社,1960: 100.

③ 马克思,恩格斯.马克思恩格斯全集:第 4 卷[M].北京:人民出版社,1958: 481.

④ 马克思,恩格斯.马克思恩格斯文集:第 8 卷[M].北京:人民出版社,2009: 273.

⑤ 马克思,恩格斯.马克思恩格斯全集:第 16 卷[M].北京:人民出版社,1964: 652.

2.1.3　权力是一种力量

从最为基本与核心的含义上看,中西方文化都将权力视作一种力量。中国早期法家的慎到有云:"贤而屈于不肖者,权轻也。"《管子》亦有"欲用天下之权者,必先布德诸侯"的说法,这里的"权"指的是制约别人的力量。西语中用 power 一词指代权力,其来自法语的 pouvir,而法语的 pouvir 又可追溯至拉丁语的 potestas 或 potentia,基本意涵为力量或者能力,而前述各个语词皆由拉丁语的动词 potere 即"能够"引申而来。本质上,马克思的权力概念没有脱离权力的最为基本和核心的含义,其实指的也是力量或者能力。张其学(2008)准确地点明了在马克思那里权力是力量的本质:"马克思所使用的权力也是这种作为力量或能力的权力。"①也就是说,马克思视野中的权力本质上是一种力量。

马克思在《对民主主义者莱茵区域委员会的审判》(1849)中指出:"这里的问题在于两种权力之间的斗争,而两种权力之间的斗争只有力量才能解决。"②其中,编者在这句话的"力量"处加了

---

① 张其学. 对几种典型权力观的评析——兼论马克思主义的权力观[J]. 广州大学学报(社会科学版),2008(8).

② 马克思,恩格斯. 马克思恩格斯全集:第 6 卷[M]. 北京:人民出版社,1961:289.

一个脚注："双关语:(Gewalt)的意思是'力量',也是'权力'。——编者注。"①这就是说,《马克思恩格斯全集》的编者考证后也认为,在马克思看来,权力即力量。国家政权这一概念可以从两个层面或者角度来理解:其一是指代表主权的政治组织或者政治实体,其二是指政治权力。前者是后者的物质载体,后者则是前者的灵魂。政治权力在国家政权中居于核心地位,没有政治权力的国家政权就不成其为国家政权。从这个意义上讲,国家政权即政治权力。政治权力本质上是一种力量,比如马克思在《共产党宣言》中所说的原来意义上的政治权力是一个阶级压迫另一个阶级的有组织的暴力,暴力无疑是一种力量;在《法兰西内战》中说:"国家政权……变成了为进行社会奴役而组织起来的社会力量。"②这就是说,国家政权抑或政治权力即一种社会力量。恩格斯在《恩格斯致菲·范·派顿(1883 年 4 月 18 日)》的信中明确指出:"马克思和我从 1845 年起就持有这样的观点:……随着富有的少数人的消失,武装压迫力量或国家权力的必要性也就消失。"③马克思亦是将"武装压迫力量"与"国家权力"视为同一个概念的,即国家权力就是一种力量。

---

① 马克思,恩格斯.马克思恩格斯全集:第 6 卷[M].北京:人民出版社,1961:289.

② 马克思,恩格斯.马克思恩格斯文集:第 3 卷[M].北京:人民出版社,2009:152.

③ 马克思,恩格斯.马克思恩格斯文集:第 10 卷[M].北京:人民出版社,2009:506.

综上所述,不管是马克思视野中的"财产权力"还是"政治权力",要么是人支配人的力量,要么是人支配物的力量,要么是物支配人的力量,都是从关系上认识和理解权力概念的。一言以蔽之,权力本质上是特定的力量支配关系。

2.2 "无赖假定"

"无赖假定"是个政治学概念,由英国思想家休谟首次提出:"在设计任何政府体制和确定该体制中的若干制约、监控机构时,必须把每个成员都设想为无赖之徒,并设想他的一切作为都是为了谋求私利,别无其他目标。"① 比休谟更早的另一位法国思想家孟德斯鸠也有同样的思想:"一切有权力的人都容易走向滥用权力,这是一条千古不变的经验。"比上面两位稍晚的美国宪法之父麦迪逊也认为:如果人都是天使,就不需要任何政府了;如果是天使统治人,就不需要对政治有外来的或内在的控制了。正是包括此人在内的开国精英们将这一政治理念纳入美国制度的政治设计之中。

《荀子·性恶》中有这样的观点:"故古者圣人以人之性恶,以

---

① 休谟.政治论文选[M].北京:商务出版社,2010:27.

为偏险而不正,悖乱而不治,故为之立君上之埶以临之,明礼义以化之,起法正以治之,重刑罚以禁之,使天下皆出于治,合于善也。"如果没有这些"君埶""礼义""法正""刑罚"起作用,"则夫强者害弱而夺之,众者暴寡而哗之,天下之悖乱而相亡不待顷矣。"荀子哲学以"性恶"为基础,似可称为"性恶假定",说法虽与休谟的"无赖假定"不同,但结论异曲同工。

经济人的本质是逐利,政治人的本质是争权。阿克顿有言,有权必腐,极权极腐。将政治人物假定为无赖,这样的假定虽然不好听,但却有着坚实的人性与社会基础。或曰"无赖假定"岂不也是"有罪推定"? 二者意思相近,宗旨各一。"有罪推定"有可能将无辜者入罪,从而制造冤假错案;"无赖假定"则可能使无赖收手,防止其实施作恶。在社会生活中,安装摄像监控,也暗含"假定"——"犯罪假定",即假定每个社会成员都是犯罪嫌疑人。基于这一假定实行技术监控,才能最大限度地预防或减少犯罪。从这点看,"犯罪假定"与"无赖假定"有着共通性。

自由主义大师哈耶克说过,一种坏的制度会使好人做坏事,而一种好的制度会使坏人也做好事。哈耶克认为,制度设计关键在于假定,从"好人"的假定出发,必定设计出坏制度,导致坏结果;从"坏人"的假定出发,则能设计出好制度,得到好结果。建立在"人性善"基础上的道德约束极其苍白,而实践中往往导致专制与暴政。大众经济学家梁小民这样阐述道:制度并不是要改变人利己的本性,而是要利用人这种无法改变的利己心去引导他做有利于社会的事。制度的设计要顺从人的本性，而不是力图改变这种本性。"江山易改，本性难移"，人性是无法改变的——无论是最有煽动性的说教，还是最严酷的法律。人的利己无所谓好坏善恶之说，关键在于用什么制度去向什么方向引导。每个人有他自己的利益偏好，而这种偏好正是此人之为此人的规定，容不得其他人来"改造"。"改造人"实际上使人变成了非人的奴隶。如果只有人斗人，人吃人，才能实现利己，人就比野兽还要坏。如果只有人为人，人帮人，才能实现利己，人就比天使还要好——市场经济的本质就是如此。要建立一个美好的社会，不能靠人性改善所谓人的思想觉悟极大提高，斗私批修云云；也不能靠政府的英明伟大，只能靠一套把利己变为有利于社会的制度。

在我国，由于儒家文化的浸润，人们往往把皇帝称为"圣上"，将官员当作"父母"，一厢情愿地认为政治人物会像父母照顾儿女一样关爱百姓，于是毫无戒备地将自己的财富交给官员去支配，不计后果地赋予官员管理公共事务的全部权力。历史经验告诉人们，将权势者假定为"圣君""救星"而放松警惕，得到的必定是真的"暴君"与"灾星"，不仅百姓财产会被无端侵夺，百姓生计也会被无端监控；将权势者假定为"暴君""猛兽"而打造笼子，制定宪法以限制权力，建立制度以保护百姓，倒有可能避免使权势者沦为真正的"猛兽"或"暴君"。

常识告诉人们，民众根本无从知道统治者是否"慈父""救星""圣人"或"君子"，只知道"慈父""救星""圣人""君子"式的统治者不应贪赃枉法、残害百姓。倒不妨按照"无赖假定",尽量严密地安装"制约和监督权力运行"的摄像监控,落实习近平主席的要求,"形成不敢腐的惩戒机制、不能腐的防范机制、不易腐的保障机制"。如此一来,政治人物才不会走上贪官或酷吏的不归之路。

中国改革开放的设计师邓小平指出:"……制度好可以使坏人无法任意横行,制度不好可以使好人无法充分做好事,甚至会走向反面。"可见,一种科学合理的制度对一个人的生存和发展是多么重要。越来越多的人认识到人都具有普遍人性。能够区别高下的只有制度:是约束人性的恶,还是放纵人性的恶可以选择,可以改造的是制度;不可选择、不可改造的是人性。

2.3 把搜查启动权控制在"启动要件"的笼子里

民主社会永远应当警惕国家暴力的滥用,并相应设置科学的规范制度,防止国家暴力不当侵犯公民权利。一方面,对国家暴力的规范制度是否健全、有效,是评价一国政治民主程度的基本标尺之一。作为国家暴力直接作用于公民个体的重要形式,刑事搜查的启动与否与公民权利息息相关。另一方面,刑事搜查是单方行为,侦查官员的主观意志决定搜查程序的启动与否,作为搜查对象或搜查对象权利人的公民没有启动或拒绝的权利。因此，刑事搜查的启动直接表征国家暴力的规范程度，体现一国司法制度的民主程度：如果国家暴力得到有效规范，则刑事搜查启动必然遵循必要、合理等原则，在追求搜查行为本质目的即发现证据资料或犯罪嫌疑人的同时，对相关公民权利给予最大限度的照顾；反之，若对国家暴力规范不够，则刑事搜查的启动必然呈现随意性强、非比例性、合理性弱等特征。

尽管刑事搜查之本质目的在于搜寻进而发现证据资料或犯罪嫌疑人，与逮捕等直接针对人身的强制措施有重要区别，但由于搜查行为必然对搜查对象的人身或住所产生强制，故也是国家暴力对公民权利的压制。任何一次搜查行为的启动，都代表某个体公民的权利在国家暴力压制下被迫减损。因而，刑事搜查的启动与否直接关系人权保障问题。频繁的、无必要的、恣意的、缺乏合理性的搜查行为必然导致人权的损害。因此，如何科学设计刑事搜查启动程序，规范侦查官员的行为，切实保障人权，应当成为一个值得研究的课题。

刑事搜查程序的合法与否有多个评价标准，正如笔者在以律师为对象的调查问卷中所列举的那样，包括扣押财产不实、损坏财物、夜间搜查、无见证人搜查、不制作搜查笔录、搜查笔录记录不实等。但调查结果显示，律师反映最强烈的还是在于搜查启动程序上，包括无证搜查、当场填写空白搜查证、笼统填写搜查证等。调查中超过64%的律师遭遇过这些违法搜查现象。此外，刑事搜查是一个渐进性过程,其程序启动仅仅为其逻辑、法律上的起点,但真正的搜查内容则体现于随后的搜查行为中。从功利意义而言,搜查程序的启动仅仅是一个没有任何物质意义、不产生任何物质效应的程序。实质上,刑事搜查的启动之所以成为一个问题,无非是源于公民个体对国家暴力的恐惧和戒备,因而在国家暴力应予严格限制的理念基础上,设置一个"多余"的、纯程式化的刑事搜查启动程序,借以限制国家暴力的恣意启动,并以此评价整个搜查程序的合法性。

搜查启动是整个搜查程序的逻辑起点和法律侦查程序合法性的前提和源泉。合法的启动不一定获得合法的搜查行为和搜查结果,但非法的启动必然导致非法的搜查行为和搜查结果。而根据严格的正当程序理论,通过非法程序获取的证据是"毒树之果",不能成为裁判依据。比如,我国台湾地区"刑事诉讼法"第131条第四款规定:(紧急情况下无证搜查——笔者注)搜查执行后未陈报该管辖法院或经法院撤销者,审判时法院得宣告所扣得之物,不得作为证据。当然,非法搜查程序获取的证据是否应被排除,这无论在国内还是在国外都有较大争议。美国曾依据宪法第四修正案确立了非法搜查程序获取的证据不得作为证据的规定,但实际上法院在该问题上总是摇摆不定。在英国,非法获得的言辞证据一般被排除,但实物证据往往得以保留。在我国司法实践中,在制度规定上首先没有一个明确的结论,在实际操作中则一般因公、检、法三机关的特殊关系而被淡化①。研究刑事搜查的启动,探求放任与限制搜查行为兼具侦查行为与强制措施的多重特点,既是一种发现程序,也有对人身、处所的强制作用,对公民权利产生压制。因其侦查行为的性质,其启动程序往往具有随意性、秘密性等特点,以便于侦查官员灵活掌握,实现发现犯罪的目的。同时,因搜查行为的强制性,其启动与否直接关乎公民权利。之间的最佳契合点,在发现犯罪、程序效率与人权保障、程序正义等诸价值之间求得合理的平衡,不仅有助于对搜查问题的认识,也有助于研究其他侦查行为和强制措施。

2.3.1　限制权力

搜查启动程序对于搜查活动具有两重功能:一方面,搜查启动程序对于搜查活动具有授权功能,即严格遵守搜查启动程序的搜查活动是合法的搜查活动,并且以国家强制力保障其实施;另一方面,搜查启动程序为搜查活动的具体实施规定了一定要求,在程序上规制搜查活动,阻却了恣意无理的非法搜查活动,此为搜查启动程序对搜查活动的限权功能。搜查启动程序对于搜查

---

①　笔者的调查显示,6％的律师声称曾在审查起诉阶段或法庭审理阶段提出非法搜查所得证据应予排除,但只有一名律师在一起案件中取得了成功,且该案法官的处理方式十分具有艺术性:不采用该证据,但也不做任何正式的书面说明,只私下照会检察官。

活动的授权功能与限权功能，体现了搜查启动程序的价值。首先，授权功能的价值在于，侦查人员严格遵守搜查启动程序的搜查活动，是进行合法的搜查，有国家强制力得以保障，经过搜查所获的证据物是合法证据，可以在刑事诉讼中被采纳。合法搜查活动在搜查启动程序授权范围内进行，有利于侦查人员及时收集证据，查获犯罪嫌疑人，防止其逃跑及毁灭、转移证据，揭露、证实犯罪，保证刑事诉讼的顺利进行。其次，搜查启动程序限权功能的价值在于，搜查启动程序能够有效防止搜查活动的滥用，保障公民的宪法权利不受侵害。宪法中用禁止性条款明确否定非法搜查行为，不受无理搜查是公民所享有的宪法权利。搜查启动程序在程序上保障搜查决定的公正性和合理性，同时对搜查的实施进行动态控制，以阻却搜查活动的恣意非法。搜查启动程序有力地约束了侦查人员的非法搜查行为，为公民享有隐私权、住宅不受侵犯以及人身不受非法搜查侵犯的宪法权利提供了有力的程序保障。

世界各国对搜查理由的立法分布在不同的法律之中，多数国家的宪法对此规定出概括性理由，而刑事诉讼法则予以具体、明确。现对此予以梳理、分析。刑事搜查作为侦查机关代表国家针对个人进行的强制性专门调查活动，在整个侦查程序中具有非常重要的作用。一方面，侦查人员可以借助搜查措施发现犯罪证据、查获犯罪嫌疑人。另一方面，搜查的发动具有突袭性质，无须给公民辩论的机会，在毫无预警的情况下，公民即遭受国家的强制处分,可以说刑事搜查本质上属于行政权范畴。搜查权力的这种强制性和扩张性面临着限制和剥夺公民人身权、财产权等基本权利的问题,也存在着侦查机关及其侦查人员滥用国家权力的危险。尤其是随着科学技术的发展,刑事搜查已从现实物理空间发展到虚拟空间,对公民隐私权的侵害可以在秘密状态下完成。因此更需要完善法律对其进行合理的限制。

在西方法治国家,刑事搜查的实施需要法律控制早已成为不争的事实。很多国家通过法律或判例确立了一系列对刑事搜查进行制约的机制,如确立了比例原则、法律保留原则等控制刑事搜查的法律原则,设立了司法审查机制,对搜查的实施进行详细的程序规定,最后还规定了对被搜查者的保障救济机制。另外,把"除依据……不受非法搜查"作为一项重要的权利由法律或判例加以确立,一些发达国家更是将其作为一项宪法性权利来加以保护。这些对搜查权的限制机制对于保障公民的生命、自由和隐私权利无疑是一种良好的保障。除西方法治国家外,《世界人权宣言》及其派生的《公民权利和政治权利国际公约》均规定,人人都有生命、自由和人身安全的权利,都有权拥有财产,不得任意剥夺。

中国《刑事诉讼法》及其相关法律虽然对刑事搜查的限制有一些规定,但这些规定并不全面,并且体现着强烈的职权主义倾向。学术领域对刑事搜查的研究还处于起步阶段,学者的研究多集中在对搜查程序的研究,虽多少涉及司法审查机制的引入,但还停留在较浅层的论述,对于为何要对搜查进行控制,为何引入司法审查机制缺少更深层次的挖掘,而对搜查程序启动的实质要件的论述更是凤毛麟角。与西方法治国家相比,中国的刑事搜查完全由侦查机关自行实施,法院既无权对侵犯公民隐私权的搜查措施发布许可令,更无权对刑事搜查的合法性进行同步的司法审查。这种缺少制约和平衡机制的搜查措施带有较强的行政化治罪活动色彩,这既不符合宪政的理念,也不符合程序正义的要求。因此,如何完善中国刑事搜查的立法,如何对刑事搜查进行合理的控制成为我们急需解决的问题。

搜查是国家对权利人基本权利之侵犯行为,或对国家应当保护义务的"合法"违反,特别是对宪法保护公民个人自由、隐私等基本人权的侵害。多数国家为了避免这种权力的行使超越国际人权保障的底线,便在司法审查框架下设立搜查理由与证明标准的门槛,以使国家权力与个人的基本人权在法秩序上保持适度的平衡,避免国家权力过度张扬,而克扣、缩减个人应有的正当权利,这种理由与证明标准的设定各国立法存有差异,特别是对概括性理由的证明标准理解存有分歧。明确搜查证明标准,可以给搜查证的签发主体和搜查的实施主体以限制,明确权力的边界,给公民隐私权、财产权、住宅权等预留合法的空间。

尽管刑事搜查的启动在案件当事人、律师群体中已有不少非议,但无论司法机关还是学术界都对此重视不够。在刑事司法领域,强制措施、刑事执行等问题已经引起了足够的关注,因为两者是国家暴力直接作用于公民个体的最明显表征,因而超期羁押、刑讯逼供、虐待犯人等问题总是学术界和社会大众的关注焦点。但对于搜查这样一个同样带有较强强制性的刑事侦查行为,学界对其关注程度显然不足。就制度层面而言,权力机关、司法机关也出台了为数不少的规范制度,核心内容便是约束国家暴力的行使,在学术方面以搜查为题的文章更是凤毛麟角。因此,笔者不揣冒昧,拟对刑事搜查的启动程序进行分析,指出我国刑事搜查启动制度设计上存在的问题,以期完善我国的刑事搜查制度。

2.3.2 实现权力与权利的博弈平衡

权力的存在是人类历史上一个古老的事实,而关于权力的解释至今仍令人极感困扰。近代政治学的发展驱除了笼罩在权力上的神学迷雾,但是新的权力神话又以世俗的语言为权力布下符咒,于是,人类文明出现了奇特的景观:一方面是近年来科技与经济的辉煌成就,另一方面是在相当大程度上资源的非理性配置,财富与利益在不恰当的权力运作之下造成了不必要的苦难。如果将现代化理解为物质与人文两个维度的统一价值,而不仅仅是由产值标示的奇迹,人们就有理由为上述图景感到沮丧。具有讽刺意味的是,对权力问题的关注总被具体的实践行为所吸引,而归于非系统的权力控制方案的提出和空洞的道德感慨,哲学层面的理论思考则甚为寥落。作为结果,权力仿佛依然是一个语焉不详和无从下手的问题。

(一)权力是权利的让渡

权力的考究有几个重要维度,其关于权力来源的追索则应作为讨论的逻辑起点,因为权力的性质、分配与运作方式都与权力的来源有着深切的关联,[①]并且归根结底都必须从这种来源上寻求合理性证明。而对这个问题进行讨论就不能不提到契约论。17世纪以来,尽管权力的独断理论仍有很大市场,但是,真正支配政治思维的则是由自然法学派系统表述出来的契约思想。社会契约论承接了古希腊的政治文化遗产,又深刻吻合着文艺复兴以来西方经济与市民社会发展的历史趋势,成为一种雄辩的政治语言。虽然现实只作了极为吝啬的兑现,其带有乌托邦色彩的逻辑前提也屡屡为人所质疑,而是否具有契约性质已经成为评价一个国家权力之合法性与文明程度的重要标准,以及"二战"以后几乎每一种重要的政治理论都以社会契约为预设,却是不争的事实。契约也许不是如卢梭所设想的曾在某个遥远黄金时代发生过的浪漫故事,而毋宁说是由哲学为人类政治生活提供的一个规

---

① 黑格尔.哲学史讲演录[M].北京:商务印书馆,1997:238.

范。然而,这一理论仍然在经验意义上揭示了一种历史的真实,即存在于权力与权利二者之间的至为深密的关系。这种关系曾长久地不为人知,以致历史付出了因蒙昧而产生的沉重代价。因此,说契约论显示了在权力来源问题上自然法学派的卓越见识,恐未为偏颇。

契约机理在理论上的意义是能够对权力做出逻辑解释,澄清一些原本简单的事实。它证明权力不是人类文化中最原始的因素。无论从种的发生还是从个体的诞生上说,人们最先拥有的不是权力,而是作为万物之灵长的生命对自身以及对地球资源的占有资格。① 今天,这种资格甚至在人类之外的生命世界中也得到了承认。它在逻辑上不是被分配而是以生命的名义天然地拥有的,因而是具有神圣性的无须论证的道德共识,权利概念则就此而派生。这一公设是人类正义的逻辑前提,一旦放弃,社会伦理系统就将崩塌。然而,在具体的历史情境中,资源的稀缺、人类欲望的冲突和诸多偶然性使上述资格呈现为不确定,从而使后天的社会性分配成为不可避免。

分配的客体主要是资源,但分配的能力不能由冲突着的自然权利来行使,而需要一种以单方面支配性为特征的中立性能力。这种特殊的社会能力由社会成员对资源占有和处分资格的转让形成,它意味着在某种范围和程度上,成员不再由自己行使能力,

---

① 卢梭.社会契约论[M].北京:外文出版社,1998:223.

而期待一个受托的公共人格。由此,公共权威就产生了。这里必须指出,契约论者揭示的权力来源不必然导致契约论,因为契约作为资格转让的可能形式并非唯一。历史作为自然进程并非由人类的诗意理想来书写,事实上大量提供的恰为非契约的转让,单方面的支配力大多在弱肉强食血腥斗争中获得并以威胁和阴谋来维持。作为此种技艺的理论果实,东方的韩非与西方的马基雅维里都留下了令人印象深刻的篇章。但这个事实并不说明权力因此就不是社会成员权利的让渡。接受支配就在事实上让渡了权利,不论其自愿与否;被让渡的权利以由一人或一个集团行使就成为权力,也不论其有无契约基础,历史上最专断与最强暴的权力也自权利形成。在这个意义上,权力来源的契约假设是多余的。权力来源多元论者认为,除权利之外,诸如特殊的个人魅力即韦伯所谓的克里斯玛,以及财富、舆论等也均为权力的重要来源。这种似是而非观点的要害是试图将权力主体自身具有的某些特点也解释为权力来源。它忽视了如下两点:首先,权力的来源不是权力的获取方式或获取手段。来源是实体性的,是权力构成的实质。其次,个人的任何能力在发生对他人的支配之前无论如何尚不是权力,因为,权力是一种特殊的社会关系,离开对他人权利的占有,权力是没有内涵和完全不可理解的。

当然,契约以其天然的道德力量在权力的形成过程中具有特殊意义。所谓天视自我民视、天听自我民听,民意是一切权力最堂皇的装饰。因此,任何真正强大和稳定的政治形态都不是完全与契约无缘的。历史上许多政治权力建立之初都具有某种程度的契约基础。一篇檄文或一部土地法大纲就是一个契约，"天下云集响应，赢粮而景从"则是公众以行动做出的承诺。极权政治的契约基础一般是在其统治建立之后才逐步丧失的。除极昏聩的统治者外，没有人完全无视民众对权力的接受态度，一个真正稳定的政权至少是建立在民众对权利让渡的容忍之上的。否则，权力将失去权利的能量供给，不得不诉诸暴力和欺诈，从而导致全面的合法性危机。

从刑事搜查权这一公权力角度而言，其实质是为了安全和秩序，国家强行以侵犯公民生命权、财产权、住宅权、隐私权等权利的方式来进行刑事侦查。在此过程中，公民相应权利的让渡，是合乎更高价值的容忍。刑事搜查启动要件的设置，能够保障公民权利让渡的合法性和准确性，使得权利的让渡有着清晰的脉络和边界。

（二）权利是权力的指归

经由权利让渡形成的权力尽管写下过极为专断的历史，进入近代以来，一切权力形式还是走到了一个严峻的时刻，它必须在人类理性面前证明自己积极的社会功能，否则就将失去合法存在的理由。至此，权力回到了它的本源，将自身定位于对权利的服务。第二次世界大战结束以来，就如世界上没有一个政权不以民主自我标榜一样,也没有一种权力不声称以公众权利为指归。相对于三百年来物质上的成就,这一变化在任何意义上都不比伟大的工业革命逊色。因为正是有了这样的变化,人类文明才获得了现代的含义。

由权力来满足权利的要求是由权利的特点决定的。首先,资源是自在性存在,与人的关系是不确定的,人的权利因此而缺乏明晰的外延。只有引进一个公共权威,权利才能特定化并被确认,从而满足人的自为性要求。其次,资源还是稀缺的,在人类无止境的索求面前,灾难性的社会冲突无可避免。公共权威通过有强制力的分配使有限的资源各归其主,而使人各守其分,并在稳定的秩序中实施流转,就在根本上建立了社会的理性基础。在这个意义上,人们普遍承认,即使接受最糟糕的统治也胜于无政府状态,因为后者甚至还不能维持哪怕最低水平的社会性生存。再次,权利主体是松散和相对狭小的,其微薄的力量往往不足以实现自己的利益,如安全、抵御自然灾害或完成大规模工程,建立社会保障体系等。只有以公共权力来整合资源,从而统一地行使某些权利,才能使人以共同体甚至类的方式解决在孤立状态下完全一筹莫展的问题。除此而外,权利还有一个特点,那就是缺乏自我救济能力。一旦侵害发生,权利不能直接转化为有效的抵御力量,而道德制约又往往软弱无力,人只能在抛弃利益与奋起抗争之间做尴尬的选择。这恰好是一个社会原始性的表征。由于权力垄断了包括暴力在内的特殊能力,具有几乎无坚不摧的力量,它就成为社会成员维护权利的最后希望。当然,公权就此所做的回应也是其是否具有合法性的起码证明。①

权利的上述特点显示了权力对于社会之不可或缺,也决定了权力对于权利的工具性地位。权力是一个有用且有力的工具,然仅此而已,权力不能因为自身特殊的社会功能而以为有恩于权利从而反宾为主。因为倘若如此,它就在本质上背弃了自己的社会使命。这个认识是近代资产阶级革命的重要收获之一。在人类政治实践中,权力对权利的忠诚常常是靠不住的,由此产生了权力的异化。异化了的权力以权利为猎取对象,将自身的工具地位偷换为价值主体,其背后则是权力的具体执掌者公职身份与其私人身份的混同。经由这种混同,权力悄然转化为私人权利,并且,由于权力处分着巨大的资源份额,由之转化来的私人利益之巨常令人瞠目。应该承认,具有密切利害关联的不同身份在同一主体上的承载,是公共权力面对的最大危险,然而却是无可奈何的现实。作为文化对应物,自古就盛行着鼓吹权力至上的意识形态。西方的马基雅维里主义及其现代变种,以及肇端于 19 世纪的法西斯主义思潮都是代表。这种意识形态发展出了精致的技巧,甚至能够通过对权力术语的灵活性解释来模糊权力外延,从而规避法律的锋芒,使腐败公然合法化。权力对权利的地位僭越,曾写下了悲惨的历史。

---

① 朱华贵.关于权利与权力的思考[J].南京人口管理干部学院学报,2003(2).

刑事搜查权来源于公民权利的让渡,同时必须服务于权利的保障,这是权力之于权利的工具性地位决定的。任何一种权力的诞生都是为了服务或救济权利而来,搜查权也不例外。为了侦查案件,救济被犯罪行为侵害的权利,搜查权应运而生。但同时应注意,搜查权不能反客为主,应以服务于权利救济为目的,而非为权力而权力。

(三)权利是权力的止限

权力与权利是人们分配自然与社会资源的两种功能互补形式,但二者的性质判然有别。权力是以社会共同体的名义单方面和强制地行使的能力,相对于主要是私人性的范围十分有限的权利具有不可比拟的力量优势。这种非对称性可以使权力在资源的提取和分配上掌握绝对主动权而造成对公民权利的侵夺。历史也的确告诫过人们,过大的、无节制扩张的权力与缺乏公共权力一样,都将给社会生活造成巨大的灾害。

近现代政治学由此提出过各种各样的权力控制方案,这些方案在实践上也大多程度不等地取得若干成效。然而,控制的前提是标准的建立,即必须首先回答,权力处在什么样的范围和程度上才是合适的,缺乏合理性标准而谈权力控制,带有价值悬置的虚妄,因为,被控制的权力只是具备工具合理性而已,它仍然可以是一种很坏的权力。① 这一点,人们只要回忆一下朱明王朝的废相权与厂卫制度就够了。应当在权力与权利的关系中来确定这样一个标准,理由是既已承认合法权力不过是公众自愿让渡出的那一部分权利,那么,未经让渡的剩余权利皆为权力的止限。这是一道鲜明清晰的轮廓线,具有逻辑上的简约性。它意味着,权力与权利都确认了各自的有限性,互相不得要求对方既定的领域。由此,它导出一条重要的权力伦理,即权力不得侵凌权利,即或一介小民之微不足道的权利,只要它尚未在程序上被让渡,于强大的公共权力面前仍不丧失其神圣性,而权力只有在权利的授予范围内遵循程序正义的原则运作才具有合法性;否则,无论其表现为什么形式,终非宪政下的权力,不仅丧失合法性,而且是一种道德上的沦落,其行为主体必须如任何一般的侵权违法者一样承担法律后果并接受道义的谴责。权力也不得违背自己对公众做出的承诺,任意减少责任或自食其言,从而在消极意义上减损公众的利益;否则,亦为侵权。当然,为不使捍卫公民权利成为一句空话,建立完善的违宪审查制度与全面有效的舆论监督机制是刻不容缓的。这道轮廓线仅仅是一个逻辑的边界,在具体的社会历史环境中,国家与社会将根据各种利益关系的互动调整其消长,以适应共同体和个人生存发展的需要。这个界限也没有许诺太多的东西,因为它只奠定了社会正义的第一块基石,而且这个

---

① 张文杰,等.现代西方历史哲学译文集[M].上海:译文出版社,1984:21.

界限本身的维持就需要各种社会要件的全面支持。但是,作为一个基本前提,它赋予权力控制技术以意义,使权力违法的责任追究在原则上成为可能,并引导人们去选择和创造出更为恰当的制度,其重要性是不待多言的。尤其在一个民族倾力推行现代化,科技与经济的进步业已大大提高了全社会的资源供应水平的时候,更是如此。

从权利的角度看权力不是一个新发现。作为一个政治学常识,这种方法早已为许多人所不屑一谈,而不幸也正在此。忽略权利而论权力,权力就会显得神秘,人们就会轻易将它当作一个既成事实,与个人的智巧和机运联系起来。当权力在事实上落入这样一种解释时,至为宝贵的责任意识已无处容身,权力为群雄追逐之肥鹿,为私欲实现之利器,权力控制也流于空谈,公行于世的将只能是权诈之术与治人之道了。

刑事搜查权是为了救济因犯罪侵犯的权利而生,同时必须止于为抓获犯罪嫌疑人、搜取犯罪证据而让渡出来的权利之限。除此之外,未经让渡的权利便是搜查权不能僭越的禁地。这即为刑事搜查权设置启动要件的价值和目的,也是现代法治国家必须重视的敏感领域。

3

刑事搜查启动要件的内涵

3.1 刑事搜查启动要件的内容

综观各国,搜查因为刑事追诉的复杂性而被分为不同种类,并进行了相应的程序规制。根据搜查行为是否需要事先获得法官签发的令状为标准,可分为有证搜查和无证搜查。作为搜查行为的常规形态,有证搜查是指侦查人员根据事先获得法官签发的搜查令状而对被搜查人实施的强制搜查,这是司法审查原则在强制性侦查行为体系中的具体运用。由于搜查是需要具备一定理由或事实基础才具有合法性的刑事侦查行为,其主要任务是搜寻犯罪证据,尤其是公民的住所往往是搜查的主要对象。因此搜查是一柄双刃剑,在实现获取证据的同时,往往带来侵犯公民财产权和隐私权的负面效果,有时也会使已取得的证据因法律程序上的瑕疵而被法官认定为非法证据予以排除。从世界范围来看,主要法治国家的刑事法律对搜查行为的实施设定了严格的证明标准,侦查人员在实施搜查行为之前必须提供证据证明搜查行为具有正当性和必要性。

总体而言,作为对公民根本权利之侵犯的搜查权的启动,包括以下两个方面。

3.1.1　搜查启动的实质要件

搜查启动的实质要件,包括搜查的理由和证明标准。搜查的理由是指搜查得以合法进行的原因或依据。搜查的证明标准则指的是在符合搜查理由的前提下,理由的充分性应该达到的程度,也即证据所能达到的证明程度。搜查是指侦查机关为发现犯罪证据、查获犯罪嫌疑人,对嫌疑人以及可能隐藏犯罪证据或犯罪嫌疑人的其他人的身体、物品、住所和其他有关场所进行搜索、查看的一种强制处分行为。它包括经权利人同意后的任意搜查和侦查机关经批准或紧急情况依职权的强制搜查。

搜查是国家对权利人"基本权利之侵犯"行为[①]的张扬而克扣、缩减个人应有的正当权利。侦查机关进行搜查时必须有合理的根据或理由证明犯罪嫌疑人具有犯罪嫌疑,这是采取强制措施的实质要件。"合理的根据或理由"是避免对国家应当保护义务的"合法"违反,特别是对宪法保护公民个人自由、隐私等基本人权的"侵害"。

我国《刑事诉讼法》规定:"为了收集犯罪证据、查获犯罪人,侦查人员可以对犯罪嫌疑人以及可能隐藏罪犯或者犯罪证据的人的身体、物品、住处和其他有关的地方进行搜查。"可见,我国并未规定搜查启动的实质条件和证明标准。在缺乏搜查启动条件和证明标准规定的情况下,侦查人员只要为了收集证据、发现犯罪嫌疑人就可以对经"自由心证"认定的任何人、物品、住处及其他有关地方进行搜索、检查,这无疑使侦查机关对搜查有较大的选择权和决定权,导致了搜查权的滥用,极易给被搜查人的正当权益造成损害。同时,只是"为了收集犯罪证据、查获犯罪人"这一目的性要求,而这实际上是整个侦查活动的目的和任务,缺乏作为具体侦查行为(在我国,搜查通常是强制侦查行为)应有的针对性,其结果是侵害到公民的宪法性权利。我国《宪法》第 37 条、第 39 条规定:"中华人民共和国公民的人身自由不受侵犯。任何

---

① 克劳思·罗科信.刑事诉讼法[M].吴丽琪,译.北京:法律出版社,2003:273.

公民,非经人民检察院批准或者决定或者人民法院决定,并由公安机关执行,不受逮捕。禁止非法拘禁和以其他方法非法剥夺或者限制公民的人身自由,禁止非法搜查公民的身体。""中华人民共和国公民的住宅不受侵犯。禁止非法搜查或者非法侵入公民的住宅。"显然,作为搜查启动法律依据的《刑事诉讼法》的规定与《宪法》不相适应。

我国刑事搜查理由及证明标准的缺失,是由于我国整套刑事诉讼体制都是建立在信任国家权力、相信侦查人员的预设前提之上的,侦查官员承受着强大的道德负担,要求其启动搜查行为必须遵循两个原则:一是保有正当的搜查目的和善良的搜查动机;二是要求侦查官员本人确信搜查行为具备实现预设的搜查目标的可能性,不能毫无根据地浪费侦查资源。具体而言,启动搜查的正当目的不外乎是:其一,收集证据、查获嫌疑人,这是《刑事诉讼法》的规定,也是大多数搜查行为启动的直接目的甚或唯一目的。其二,警察自卫、保护公共安全。虽然在制度层面未曾明确规定,但该价值取向却多有体现。比如,《公安机关办理刑事案件程序规定》第219条规定:"执行拘留、逮捕的时候,遇有下列紧急情况之一的,不用搜查证也可以进行搜查:(一)可能随身携带凶器的;(二)可能隐藏爆炸、剧毒等危险物品的;(三)可能隐匿、毁弃、转移犯罪证据的;(四)可能隐匿其他犯罪嫌疑人的。"显然,保护侦查官员本身及公共安全已经取代证据获取目标而成为该特殊情况下启动搜查的唯一目的。由于个案情况总是错综复杂,侦查官员只有依据本身经验进行模糊判断,有时可能根据现有证据证明有搜查之必要,有时则纯粹是牵强地推测甚至是靠直觉。可见,由于我国特殊的政治理念和诉讼文化,尽管制度层面没有对启动搜查设定任何限制条件,但侦查官员在强大的道德负担下不得不自觉遵循"自由心证"的搜查启动条件,力求依据自身良心和专业经验来判断启动搜查行为的必要性。

世界上多数国家为了避免这种权力的行使超越国际人权保障的底线,便在司法审查框架下设立搜查理由与证明标准的门槛,以使国家权力与个人的基本人权在法秩序上保持适度的平衡,避免国家权力过度膨胀,只有在掌握的案件证据达到一定标准、通过事实能够证明确有限制公民权利之必要时,搜查行为才能正当化。所以,如何科学设定搜查启动的证明标准,确保搜查行为的适当性,保护公民免受不当搜查的侵扰,取得控制犯罪和维护人权之间的平衡,是一国搜查立法需要解决的重要课题。

3.1.2 搜查启动的形式要件

搜查的启动从形式上而言,有两个维度。一是是否以令状为要件,由此分为有证搜查和无证搜查。有证搜查要求刑事搜查的进行必须有搜查证才能够得以进行。二是是否禁止夜晚搜查为要件，由此分为白天搜查和夜晚搜查两种形式。就全世界范围而言，绝大多数国家对搜查启动的形式要件都是以令状为原则，特定情形下允许无证搜查；搜查的时间上大都禁止夜晚搜查，从而把搜查的时间条件限制在白天。

（一）令状

在法治国家，搜查作为一种强制侦查措施，因其对公民个人权益存在的重大威胁而采用司法令状主义对其加以控制。

在英美法系国家，搜查令状的审批权由治安法官行使，这样的制度设计反映的是英美法系国家在侦查构造模式上的诉讼程序化。在抗辩式的诉讼构造模式之下，控辩双方的对抗不仅限于在法庭审判过程中的对抗，而是自刑事诉讼程序的控辩双方正式出现起。也就是说，在抗辩式的诉讼构造模式之下，侦查过程不是国家追诉机关单方面的"行政式"治罪活动，而其本身就是控辩双方进行对抗的场域。既然是一种对抗，就需要有独立于对抗双方之外的中立的、超然其上的裁判者对涉及公民个人权益限制和剥夺的行为进行司法控制。如果一名州检察官受州法律的授权在其负责侦查的案件过程中签发搜查令状，而后又由该检察官对该案向法庭提起诉讼，这种现象将被认为是违反了美国宪法第四修正案的规定，因为"检察官不是宪法所要求的中立的、超然其上的治安法官"①；即使是治安法官，如果在该起搜查事件中牵涉有某种个人的利益在内，那么他的公正性就存在疑问，或者在法官强烈的"正义感"驱使下，使其成为"搜查行动的领导者"而"完全放弃了一个治安法官所应具有的司法人员的作用"时②，他就不具备签发搜查令状所需的裁断者之资格。

我国《刑事诉讼法》将"搜查"规定在"侦查"一章中。在公安部下发的《公安机关办理刑事案件程序规定》中，将搜查证的审批权赋予了县级以上公安机关负责人。也就是说，我国刑事搜查的令状签发和实施归于同一主体，令状所起到的制约监督作用便大大弱化了。因为搜查是一种对人和物的双重强制，搜查存在着对公民个人财产权、隐私权的重大威胁。更重要的是，如果说逮捕、刑事拘留等人身强制措施仅适用于犯罪嫌疑人或被告人而使其正当程序被人们忽视的话，那么，搜查有时所针对的却是与犯罪或犯罪人之间没有任何关系的"第三者"，我们有理由认为，这些"第三者"的合法权益应当得到保障，他们应当受到一种正当程序的对待，而如果将搜查审批权限归属于承担着犯罪控制任务的公安机关来行使，搜查最后的使命就将是、也必然是一种侦查手段，而被搜查对象的一切权益都将是这种制度的牺牲品。

---

① 杰罗德·H.以兹瑞，威恩·R.拉法吾.刑事程序法[M].北京：法律出版社，2000：83，105.

② 韦恩.贝特尼，凯伦·M.希斯.犯罪侦查[M].但彦铮，译.北京：群众出版社，2000：84.

（二）令状的例外

根据司法实践的需要，无论英美法系还是大陆法系国家都赋予侦查官员在公共安全受到威胁的情况下实施无证搜查的权力，并建立了较为完善的无证搜查体系。在侦查实践中，大部分搜查都是无证搜查，通常是经过被搜查人同意的搜查或逮捕附带的搜查或者紧急情况下的搜查。

由于搜查直接侵扰了公民的隐私权，故对其予以严格限制理所应当，对无证搜查更是如此。无证搜查缺少外部权力的事前控制，如果对其运行范围、要件不予明确限定，则侦查权力的滥用不可避免。但对无证搜查的权力边界过于严苛的限制，则可能使其所欲保护的利益与侦查的社会利益之间失去平衡。

第一，无证搜查必须符合必要性要件，当然应满足"搜查的必要性"这一无证搜查和有证搜查应共同具备的要件。但除此以外，无证搜查还必须满足"没有必要或者来不及申请搜查证"这一构成要件。"没有必要"可以看作无证搜查必要性要件的消极规定，包括被搜查人自愿性同意进行搜查和逮捕附带搜查两种情况。在这两种情况下，被搜查人的自愿性同意和逮捕的合法性，均赋予搜查行为的合法性，因此没有必要申请搜查证。"来不及申请搜查证"可以看作无证搜查必要性的积极规定，它是指搜查人员根据当时的情形判断，如果通过正常的申请搜查证程序进行有证搜查,显然会造成犯罪嫌疑人脱逃、犯罪证据毁灭的严重后果和犯罪行为持续进行的危害后果。为了及时阻止这样的严重后果和危害后果发生,不得已采取搜查措施。换言之,当时的情况已不允许搜查人员按照常规程序来申请搜查证,因为已没有时间了,来不及了。紧急搜查即属于这种情况。

第二,无证搜查必须符合可能性要件。这是指搜查人员通过搜查"有较大的可能性查获犯罪嫌疑人和犯罪证据"。"较大的可能性"在形式上表现为搜查人员的主观判断,但在实质上应有一定的客观依据,并以此作为搜查人员主观判断的客观基础。没有任何客观依据、单凭搜查人员的主观臆测,即使经过被搜查人的自愿性同意,搜查人员进行无证搜查也是违法的。例如,搜查人员随意进入一住宅,"胆小怕事"的住宅主人为证明自己清白,主动要求搜查人员对住宅进行搜查。这种无证搜查应属违法。从证据法的角度来看,"较大的可能性"实际上要求搜查人员实施搜查所依据的证据和线索应当达到一定的标准。这样的标准,对于任何一个精神健全、神志正常的人来说,都有可能产生犯罪嫌疑人和犯罪证据一定在特定搜查对象的确信。根据各国立法情况来看,公认的"较大可能性"有逮捕、追捕、搜查人员对犯罪行为的亲眼所见、有可靠来源的情报等四种情况。例如,搜查人员亲眼看见现行犯跑到一个公民住宅里,显然符合无证搜查的可能性要件,搜查人员可以直接进入该公民住宅查获犯罪嫌疑人,并对犯罪嫌疑人能够触及的空间进行搜查。

第三,无证搜查必须符合适度性要件。这是指方法适度、对象适度和强制适度。缺少其中任何一个要件,即可认为不符合无证搜查的适度性要件。(1)方法适度是指如果搜查人员能够通过命令让被搜查人员交出欲查获的犯罪嫌疑人或者犯罪证据,那么就应当实施命令这样一种非强制方法,以避免强制运用搜查权力对公民正当权利可能带来的损害。换言之,无证搜查能够进行的前提条件是搜查人员已经责令被搜查者交出欲查获的犯罪嫌疑人或者犯罪证据,而被搜查者不愿交出或者主观愿意交出但客观不清楚藏匿犯罪嫌疑人和罪证的情况。(2)对象适度是指无证搜查应当限定于一定的范围和一定的对象,超出此范围和对象的其他部分,搜查人员所进行的无证搜查应当是非法搜查。从各国规定的情况来看,现行犯"立即控制"的空间、被追捕者的逃跑路线所触及的空间和接触人员、被搜查者有权支配和管领的空间,可能藏匿犯罪嫌疑人的住所、可能藏匿犯罪证据的嫌疑人的身体,都应当认为是适度的搜查对象。(3)强制适度是指搜查人员执行搜查运用强制力应当保持在能够使搜查顺利进行的最低限度。搜查人员的强制不能够对被搜查者的身体造成不必要的伤害,也不能够对被搜查者的住宅、所管领的财产和物品造成不必要的损害。方法适度、对象适度和强制适度,均是刑事诉讼中的比例原则对无证搜查所提出的要求。

（三）禁止夜间搜查为原则

侦查机关对有人居住或看守的住宅或其他场所，除法律有特别规定外，不得于夜间入内进行搜查或扣押称为禁止夜间搜查原则。在各国刑事程序立法上，这种对搜查执行所附加的时间限制适用于一切有令状或无令状搜查。刑事诉讼的原则是指反映刑事诉讼理念与目的之要求，而作为刑事诉讼具体制度、规则、程序之基础和依据并对刑事诉讼具有规范或指导作用的，在刑事诉讼立法和司法中应当遵循的准则。根据刑事诉讼的指导思想、目的、任务的关系不同，刑事诉讼的原则从高到低可以分为全局性原则、基础性原则、技术性原则三个层次。而禁止夜间搜查对刑事诉讼具体制度、程序的设计和刑事诉讼活动的进行具有直接的指导意义，是具体的技术性原则，也是综合权衡和贯彻高位次原则要求的结果。[①]

禁止夜间搜查原则的理论基础有两点：一是对公民基本权利的尊重与保护，二是现代刑事诉讼程序强制性措施限制适用与适度使用的基本理念。对于有人居住或看守的住宅场所进行搜查，无论白天或是晚上执行都会对居住人的居住权及私人领域造成侵扰，然而夜间是一般人休息、睡眠并且不受外界干扰的时间，也

---

① 宋英辉.刑事诉讼原理[M].北京:法律出版社,2003:57-70.

是隐私最易暴露的时段。所以,对于夜间具有特别受保护必要的安宁需求①和隐私需求。刑事侦查中的夜间搜查会对嫌疑人及其家属或其他案外人夜间安宁休息权和隐私权造成侵害。夜间,当人们衣着单薄平静地睡在自己的床榻上,却被突如其来的搜查及其后续行动惊醒,并持续处于精神高度紧张和惶恐不安中,如果这样的侦查措施成为一种合法的制度普遍性地作用于社会,那么人们的生活状态则会充斥着不安和对抗,毫无居住安宁和身心健康可言。特别是这种搜查涉及非犯罪嫌疑人等案外无辜人员时,则侵害性后果更为严重。根据马克斯·韦伯的"国家统治"定义,即用国家意志强加给个人或隶属于他的社群的能力来定义国家,则合法强制力使用以及由此产生的侵害可以被看作是国家统治权力的直接后果。② 而打击犯罪的行动是公共领域国家统治力与合法强制力最为聚集也是最易给公民造成侵害的一个场合。为了阻止行动的侵害性,需要对他进行限制和引导,法律和程序规则的任务就在于此。因此立法者对夜间搜查设定特别的要件限制,除个别情况外不允许夜间搜查,以保护公民个人的居住安宁权、夜间休息权和隐私权等宪法性权利。

现代刑事诉讼程序的基本理念之一就是强制性措施限制适用与适度使用原则。刑事追诉中强制力的行使是不可避免的,但

---

① 林钰雄.搜索扣押译释书[M].台湾:元照出版有限公司,2001:263,277.

② 利科.公正与报复[C]//北大法律评论(第2卷.第2辑).北京:北京大学出版社,1998:762.

强制措施的适用直接关系公民的人身、财产等基本人权,为防止强制力的滥用,要求其适用必须谦抑和适度,强制性措施的适用应当考虑对权利侵害的严重程度、犯罪的严重性及案情的紧急性和必要性,并与之适应。这一理念旨在避免过度的或不适当的适用强制处分而侵犯嫌疑人及相关公民的权利。夜间搜查对于公民居住安宁和隐私的侵犯程度比白天搜查更高,因此立法对夜间搜查设定特别的要件要求,这一点正是强制措施限制使用与适度使用原则在刑事立法层面运用的结果,即更为严重的干预手段受更严格的限制。

3.2　刑事搜查启动要件的特征

如前文所述,刑事搜查启动要件包括实质要件和形式要件两个方面。其中,搜查启动的实质要件包括搜查的理由及其证明标准;搜查的形式要件从法理上讲应该以有证搜查为原则,以无证搜查为例外,同时,有证搜查应当由第三方签发令状,以约束搜查权的恣意扩张。刑事搜查的启动要件有着不同于其他侦查行为的显著特征。

3.2.1 刑事搜查理由的特征

（一）源于警察的公共行政权力

随着私有制的产生，逐渐形成国家和凌驾于社会之上的国家权力，作为国家统治社会的主要权力——警察权，伴随着国家权力的产生而产生。在专制主义国家，国家权力完全集中在君主或独裁者手中，权力是不分的。警察权在社会中相对独立性不足，一直扮演着政治打手的角色。到资产阶级民主共和国时期，随着立法权、司法权、行政权三权分立，国家权力开始分化，警察权作为国家行政权中的特殊权力越来越独立，并具有了自己的特征：第一，警察权的独立主体形态，形成鲜明的警察机关一元性特征，而且警察系统内部各部门分工缜密、职责清晰、配合有序。第二，警察权不仅与司法权，还与国家其他行政权相分离，警察权的社会管理职能与为社会提供直接服务职能日益突出。第三，警察权要依法行使，法律至上成为警察机关及警察人员的信念，这是由封建专制型权力向法理型权力的转变。法律权威大于人格权威，是现代警察权的特征之一。

警察制度自起源之日起就被认为是国家为维护统治秩序和

社会安全衍生的必要工具。西方国家关于警察的性质争论颇多，"福利警察论"强调警察的目的是保护公益、社会安宁和公共福利。"警察中立论"强调警察武力是国家的，不能受到党派的威胁和利诱而卷入政治斗争中。马克思主义学说认为，警察是阶级专政的工具之一，是按照统治阶级的利益，依靠暴力和强制等特殊手段维持社会治安秩序和公共安全的具有武装性质的国家行政力量。虽然各理论从不同的角度阐释警察的性质，但"不管是什么体制的警察，所有警察组织的共同职能就是维护国内安全，实施法律，维持社会和政治秩序"①。即可看出，在不同社会形态和政权体制的国家，维护公共安全和秩序，预防、侦查与惩治违法犯罪行为皆是警察的基本职责。虽然其同样承担着例如化解纠纷、答询问路等辅助性职能，这亦是由公共安全管理机构的公益属性所决定的。

（二）源于警察自我防卫的需要

警察执法过程中的权益保护，尤其是防卫权在我国是一个较新的概念。"警察执法权益"作为一个独立名词，第一次比较正式地出现是在 2000 年。自 2003 年以来，保护人民警察执法权益问

---

① 哈罗德,等.著.刘植荣,译.世界警察概览[M].太原：山西人民出版社，1991：25.

题受到了越来越多人的关注。2004 年,公安部将保护警察权益正式列为科研课题。2006 年,全国首家警察权益保障中心在北京人民警察学院成立。一时间,各种支持与反对的观点纷至沓来。支持的观点认为,近年来,由于袭警等各种问题的发生,警察在执法过程中所遭受的侵害越来越多,不仅给警察个人带来了身体上心灵上的伤害,而且伤害了警察背后所代表的国家尊严,因此必须通过完善警察的防卫权来扭转这一现状。反对的观点则认为,权益保障历来与"弱势群体"概念相互捆绑,例如消费者和妇女儿童的权益等。警察作为代表公权力的国家暴力机关,不但不能对其防卫权进行扩张,相反要加以限制。由这一系列的讨论看来,警察权益的扩张或限制确实已经成为学界、警界、社会大众所关注的热点问题。

刑事诉讼中的警察时时处在一个与犯罪分子较量的危险领地,所以刑事警察的权益保障显得尤为重要。在刑事案件侦查中,警察会面临各种不明所以的住宅和对象,生命健康随时受到不特定的威胁。由此,赋予警察紧急情况下的搜查权,是警察自我防卫的需要,也是对警察执法的法律保障。

(三)源于证据的收集需要

对于大多数的搜查来说,为了获取刑事诉讼需要的证据,或者通过搜查扣押特定的物证、书证,或者通过搜查缉拿某个特定的犯罪嫌疑人,这都是警察搜查的主要理由。

在英美法系国家刑事诉讼中,大多数的逮捕后搜查及逮捕附随的搜查是以获取诉讼证据为目的。英国《1984年警察与刑事证据法》规定,如果警察有合理根据相信犯有严重可捕罪的犯罪嫌疑人正在某特定的场所内,警察可在没有搜查证的情形下进入该场所内,或者警察在某场所外执行逮捕完成后,如果有理由相信在该场所内可以发现本罪或与本罪有关的证据,警察就可以进入被逮捕的犯罪嫌疑人占据或控制的场所进行搜查,而对于其他犯罪嫌疑人曾经占据或控制过的场所,只要警察有合理根据认为该场所内有被逮捕的犯罪嫌疑人所被控的与犯罪有关的证据,可以经过"巡官"(Inspector)以上级别的警官书面批准后进行搜查。

如果说英美法系国家警察在执行巡逻任务的过程中对犯罪嫌疑人的责令暂留和搜查是基于对公共安全的维护之需要,警察在暂留或执行逮捕过程中对犯罪嫌疑人武器及其他危险器具的搜查是为了警察自我防卫需要的话,那么警察所进行的入室搜查则大多数是为了搜查犯罪证据或缉拿犯罪嫌疑人,也就是为了收集犯罪证据。在英美法系国家,公民住宅被认为是人们隐私权期待最高的地方,因此相对而言,警察出于公共安全防卫和自我防卫的需要而进行的搜查都是在紧急情形之下进行的无证搜查,而警察进入公民住宅进行的搜查,则由于住宅乃人们隐私权期待最高所在,因此大多数的入室搜查要求警察履行严格的法律程序,即向法官申请搜查令状后方可入室搜查。不同的搜查理由使警察的搜查表现出不同的样态,同时表明搜查对嫌疑人、被告人或其他人的个人自由、尊严、隐私安全等个人权益的侵入程度也不一样。例如,出于公共安全需要而进行的责令暂留拍身只限于对嫌疑人的衣外触摸,简单询问,在未发现嫌疑人衣内有武器或其他危险器具时警察不能将手伸入嫌疑人的衣内,否则将被视为非法搜查;而出于警察自我防卫需要所进行的搜查则仅限于在警察发现嫌疑人衣内有武器或其他危险器具,并止于扣押该武器或其他危险器具,而不得做更为深入的搜查;出于获取刑事诉讼所需要的证据之搜查,则根据警察获得的搜查令状上声明的搜查时空范围和扣押目标深入搜查,其对公民个人自由和隐私安全的侵犯则是最为深入的。

3.2.2　搜查证明标准的特征

(一)证明标准本身的多元性特征

一般认为,刑事诉讼、民事诉讼、行政诉讼认定事实标准应当是多元的。在刑事诉讼中,认定案件事实标准也应是多元的、有层次之分的,不同性质的诉讼、不同的诉讼阶段和不同的认定对象,可能适用不同的认定事实标准。但不管何种层次的认定事实标准,都只能是认定事实主体内心对诉讼认识真实性的某种程度的信念。[①] 不管英美法系的"排除合理怀疑",还是大陆法系的"内心确信",都是就案件的整体情况来说的,对证明标准不应当仅限于整体性的研究,更应当注重对不同的证明对象的证明标准的研究,刑事诉讼不同阶段的证明标准不同,不同犯罪构成要件的证明标准不同,不同量刑情节证明标准不同,不同性质和不同严重程度的案件证明标准不同,程序法事实和实体法事实的证明标准不同,不同的诉讼主体承担证明责任的证明标准也是不同的。

作为刑事证明标准理论基础的价值论是多元价值论。已有的研究成果表明,人权保障、秩序正义、诉讼效率、自由等已成为当代主流法学界公认的法律价值。我国在移植外国法律制度的同时,也引进了西方的多元法律价值观,确认刑事诉讼不仅具有追求保障秩序、安全、实现实体正义的工具价值,还有保障人权的独立的程序正义价值和力求以最小的诉讼成本换取最大的诉讼成果的诉讼效益价值。多元的诉讼价值观为我们拓宽了理论研究视野,在此基础上诉讼证明标准的多元化观点已经提出,刑事证明标准层次性问题原本内含于诉讼证明标准多元化的框架之

---

① 吕卫华.诉讼认识、证明与真实——以刑事诉讼为主要研究对象[M].北京:中国人民公安大学出版社,2009:213.

内,也就理应把多元的价值视角作为其确立的基点。如人权保障与效率价值要求我们在审判阶段或其他任何一个独立的诉讼程序中不能仅仅确立唯一的刑事证明标准(如审判阶段仅确立"排除合理怀疑"),否则将不利于保障人权和提高诉讼效率。又如,控辩双方"平等武装"的公平价值观要求,如果审判阶段控方的证明标准仅达到"优势证据"的层次,则理应对被告人判决无罪。①

证明标准的性质是法律真实。法律真实在一定意义上是以概率为基础的真实。法律真实并不是案件的重现,也不是客观存在的真实,而是裁判者通过合法的程序,通过法律方法和证明标准,通过一切相关的证据而得出的最接近事实真相的判断。因此这种法律真实的概率性决定了证明标准不能是单一的一成不变的。法律首先会对某种法律事实发生的概率性、可能性的大小来考虑将证明标准定在一个合适的位置。这种概率性不仅指在实际生活中待证事实可能发生的几率,也指某类特征事实在现实要件下在何种程度上可以得到证明。这就是为什么对于同一个案件事实认定的证明标准会随着社会发展而发生改变。比如,对于某些刑事案件曾经有过适用证据优势标准的时候,后来才全部适用排除合理怀疑的标准。再比如,对于一些死刑案件的犯罪嫌疑人的羁押,要证明其危险性,但危险性本身是一种预测,所以不可能存在一种绝对的真实,甚至不可能没有怀疑,因此法律只要求

---

① 圣扬.刑事证明标准层次性论略[J].政治与法律,2003(5):23.

检察官证明到明晰可信的程度即可。当然这种盖然性的判断只能由法律来确定，同时不能否认在法律的背后会受到公共政策的影响。[①]

　　不同的案件会涉及不同的证明对象，在不同的诉讼阶段也会涉及不同的证明对象。对于不同性质的案件，不同的程序事实和实体事实，如果都适用同样的证明标准的话，那么必然会导致司法资源的浪费，或者导致案件的拖沓搁置，或者导致对人权的侵犯等一系列严重的法律后果。因此，针对不同的证明对象，法治国家的做法是设定不同等级的证明标准，这样科学的做法对司法资源的节约，案件的迅速连续进行，人权的保障等都起到了很好的作用。因诉讼阶段的不同，如立案、逮捕、移送审查起诉、提起公诉和判决需要适用不同的证明标准；实体事实和程序事实的不同，罪的轻重不同，需要适用不同的证明标准；不同的诉讼主体如公诉方和辩护方应当适用不同的证明标准。具体来说：

　　第一，刑事诉讼的阶段性特点决定需要对不同的刑事诉讼阶段适用不同的诉讼证明标准。根据我国《刑事诉讼法》的规定，刑事诉讼活动从纵向上分为立案、侦查、起诉、审判等阶段。不同诉讼阶段所解决的主要问题是不相一致的，要求裁判者对案件事实主观认识的清晰程度的要求也应有所区别。

　　第二，刑事诉讼中证明主体的不同，决定了需要对不同的证

---

① 唐亮.论诉讼证明标准多元化[J].律师世界,2002(10):11.

明责任承担主体分采不同的诉讼证明标准。在刑事诉讼中,证明责任原则上由控方承担,被告方不承担证明自己无罪的责任。控方的这种责任具有法定性、最终性和不可转让性。因此,被告所负的证明责任的标准远远低于控方,只需使法官认为控方的证据尚存在疑问即可。

第三,刑事诉讼中证明对象的不尽相同,也使得证明标准有不相统一的规定的必要。刑事证明对象分为实体法事实和程序法事实,程序证明标准是衡量证明主体的证明活动是否符合法定证明步骤、方法、方式的准则和标尺。它是证明效力产生的源泉。程序证明不同于对实体事实的证明,它是一个渐进的过程,是有层次的。程序证明标准具有以下特点:其一,在诉讼过程中呈现阶段性特点,表现为侦查阶段的单方证明、审查起诉阶段的复式确认单方证明和审判阶段的对抗双方在场下的裁判证明;其二,随起诉进程而呈现出递升的趋势,一般来说,复式确认单方证明标准在层次上要高于单方证明标准,而双方对抗下的裁判证明标准又高于复式确认单方证明标准;其三,作为一个动态概念,程序证明标准在诉讼过程中是由低向高运动的。运动着的程序作为这种证明标准的载体也使它在诉讼中处于运动状态。①

---

① 宋世杰.证据学新论[M].北京:中国检察出版社,2001:256.

（二）证明标准多元性在各国的体现

英美法系国家有罪判决证明标准是"排除合理怀疑"的标准。所谓合理怀疑，美国加利福尼亚刑法典对其表述为："它不仅仅指一个可能的怀疑，而是指该案的状态，在经过对所有证据的总的比较和考虑之后，陪审员处于这种状况，他们不能说他们感到对指控罪行的真实性得出永久的裁判已达到内心确信的程度。"①

美国。在美国证据法则和证据理论中，一般将证明程度分为九等，不同等级（层次）的证明标准对应不同的诉讼行为（并不与诉讼阶段完全相对应）：第一等是绝对确定，确信度100%，由于认识论的限制，认为这一标准无法达到，因此无论出于任何法律目的均无这样的要求；第二等即排除合理怀疑，确信度95%，为刑事案件做出定罪裁决所要求，也是诉讼证明方面的最高标准；第三等是清晰而令人信服的证据，确信度70%，在某些司法区在死刑案件中当拒绝保释时，某些州精神病的辩护以及做出某些民事判决有这样的要求；第四等是优势证据，确信度50%以上，做出民事判决以及肯定刑事辩护时的要求；第五等是合理根据，确信度30%，适用于签发令状，无证逮捕、搜查和扣押（法官签发上

① 白绿铉，卞建林.美国联邦民事诉讼规则，证据规则[M].白绿铉等，译.北京：中国法制出版社，2000：202.

述令状的前提是警方负责证明达到上述标准），提起大陪审团起诉书和检察官起诉书，撤销缓刑和假释，以及扭送公民等情况；第六等是有理由的相信，适用于"拦截和搜身"；第七等是有理由的怀疑，足以将被告人宣布无罪；第八等是怀疑，可以开始侦查；第九等是无线索，不足以采取任何法律行为。由此可见，在美国开始侦查、提起公诉、做出有罪判决的标准都是不同的。[①]

美国法没有明确规定检察官决定起诉必须满足的证据标准。但是，美国律师协会制定的《职业责任守则》规定："在明知或显然没有合理根据支持指控的情况下，检察官或其他政府律师不得提起或导致提起刑事指控。"然而，由于美国联邦司法系统和州普遍赋予被告人要求预审的权利，在联邦司法系统和部分州还实行大陪审团审查起诉制度，美国检察官在决定起诉时必须考虑到所提出的指控在证据方面要经得起预审或大陪审团的审查。因而在实务上，美国检察官决定起诉证据标准一般高于逮捕的证据标准。通常情况下，只有在有可采的证据表明被告人有罪达到"高度的盖然性"时，即有充分的证据相信能够获得有罪判决时，检察官才会决定起诉。[②]

在美国刑事诉讼中，起诉方证明被告人犯有被控罪行，必

---

① 卞建林，译.英国联邦刑事诉讼规则和证据规则[M].北京:中国政法大学出版社,1996:22.

② 卞建林，译.英国联邦刑事诉讼规则和证据规则[M].北京:中国政法大学出版社,1996:22.

须达到排除合理怀疑的程度,这是宪法第五和第十四修正案关于正当程序规定的要求,这一证明标准的适用范围包括被告人是否有罪的问题以及构成犯罪的每一要素。"排除合理怀疑"的证明标准,不仅适用于控诉方对指控犯罪事实的证明,而且适用于控诉方对被告人应处死刑的事实以及对供述合法性的事实的证明。

英国。英国《1994 年皇家检察官守则》明确规定了提起公诉的证明标准。该《守则》第 4 条规定,皇家检察官对于警察移送起诉的案件应当从两方面进行审查:一是证据审查,二是公共利益审查。其中证据审查是前提,如果案件未通过证据审查,无论它多么重要或多么严重,都不应当继续进行诉讼。根据该《守则》第 5 条规定,所谓"证据审查",实际上也就是审查是否达到提起或维持公诉所必须满足的证据标准,它要求"检察官必须确信对每个被告人提出的每一项指控都有足够的证据提供现实的定罪预期"。所谓"现实的定罪预期"是客观标准,而不完全是检察官的主观猜测,它是指陪审团或治安法官组成的法庭,在主审法官或书记官根据法律规定很可能给被告人定罪时,如果根据现有证据没有这种现实可能性,并且警察也说不再有其他证据或者没有可能再找到其他证据,就不应当就某个罪名提起公诉。①

---

① 转引自孙长永.提起公诉的证据标准及其司法审查比较研究[J].中国法学,2001(22).

英国证据法依据案件性质和证明责任的不同,规定了两种证明标准:一种是"超出合理怀疑"的证明标准(beyond reasonable doubt),另一种是"盖然性占优势"的证明标准(preponderance of the evidence)。在英国刑事诉讼理论和司法实践中,起诉方所提供的证据必须达到使法官和陪审团不存在任何合理疑点的程度,才能解除举证责任,这也称作刑事证据的标准。如果陪审团存有合理疑点,而起诉方又无法进一步证实被告人有罪,则应判定该事实不存在,宣告将被告人无罪释放,但是对"超出合理怀疑"的解释则是众说纷纭。在刑事审判实践中,法官和陪审团主要考虑的是他们自己对证据是否感到满意,定案是否完全有把握。在举证责任转移到被告方的时候,证明标准只要达到"盖然性占优势"就可以。①

法国。法国刑事证明标准的相关规定。在法国,提起公诉的证明标准应当是预审法官批准检察官的公诉标准。对此,《法国刑事诉讼法典》第 177 条第一款规定:"如果预审法官认为案件事实并不构成重罪、轻罪或违警罪,或者罪犯无法认定,或者对(1993 年 1 月 4 日第 93－2 号法律)被审查人的控告尚不充分,应以裁定宣布不予追诉。"②第 211 条对二次预审也做出了规定:"刑事审查庭审议(1993 年 1 月 4 日第 93－2 号法律)对被审查人

---

① 齐树洁.英国证据法[M].厦门:厦门大学出版社,2002:35.

② 余叔通,谢朝华译.法国刑事诉讼法典[M].北京:中国政法大学出版社,1997:86.

的控告是否有足够的证据。"①可见,法国的起诉标准是"控告是否充分"和"控告是否有足够的证据"。法国检察官在决定是否提起公诉时必须从追诉的合法性与适当性两方面对案件进行审查。其中关于追诉合法性的审查,除了对诉讼案件的审查外,主要从两方面进行:(1)是否存在公诉的明显理由;(2)是否存在责任阻却事由。如果存在其中一项责任阻却事由,检察官只能决定不起诉。而做出有罪判决的标准则是内心确信,即《法国刑事诉讼法典》第 353 条的规定:"法律并不考虑法官通过何种途径达成内心确信;法律并不要求他们必须追求充分和足够的证据;法律只要求他们心平气和、精神集中,凭自己的诚实和良心,依靠自己的理智,根据有罪证据和辩护理由,形成印象,做出判断。法律只向他们提出一个问题:你是否已形成内心确信?这是他们全部的职责所在。"②

在法国对于采取强制性措施法律都规定了明确的证明标准,通常表述为"存在合乎情理的理由怀疑"。例如,《法国刑事诉讼法典》第 55—1 条(2003 年 3 月 18 日第 2003—239 号法律第 30 条)第一款规定:"为进行调查之必要,司法警察警官或者在其监督下派人,可以向有可能提供与犯罪有关之情况的任何人,或者

---

①　余叔通,谢朝华译.法国刑事诉讼法典[M].北京:中国政法大学出版社,1997:99.

②　余叔通,谢朝华译.法国刑事诉讼法典[M].北京:中国政法大学出版社,1997:132.

存在合乎情理的理由可以怀疑其实行了犯罪或犯罪未遂的任何人,进行必要的取证活动,以对比所提取的痕迹和线索进行技术的、科学的检验。"①第 63 条第一款(2000 年 6 月 15 日第 2000－516 号法律第 5 条)规定:"为调查之必要,司法警察警官得对(2002 年 3 月 4 日第 2002－307 号法律)存在某种或某些合乎情理的理由可以怀疑其实行了犯罪或者犯罪未遂的人实行拘留,拘留一开始即应报告共和国检察官。受到拘留的人被拘留的时间不得超过 24 小时。"②第 70 条(2004 年 3 月 9 日第 2004－204 号法律第 86－1 条,2004 年 10 月 1 日起实行)第一款规定了发布通缉令的标准:"在对现行重罪或对至少当处 3 年监禁刑之轻罪进行调查有此必要时,共和国检察官得对存在一项或数项合乎情理的理由可以怀疑其实行了犯罪或犯罪未遂的任何人发出通缉令,且不妨碍适用第 73 条之规定。"③

德国。德国刑事证明标准的相关规定。在德国,起诉的证明标准是"有足够的证据、足够的犯罪嫌疑"。《德国刑事诉讼法典》第 152 条第二款规定:"除法律另有规定外,在有足够的事实根据时,检察官负有对所有的可予以追究的犯罪行为做出行动的义务。"④这一条虽然主旨在于确定"起诉法定原则",但它明确要求

① 罗结珍,译.法国刑事诉讼法典[M].北京:中国法制出版社,2006:50-51.
② 罗结珍,译.法国刑事诉讼法典[M].北京:中国法制出版社,2006:60-61.
③ 罗结珍,译.法国刑事诉讼法典[M].北京:中国法制出版社,2006:50,65.
④ 李昌珂,译.德国刑事诉讼法典[M].北京:中国政法大学出版社,1995:72.

起诉必须有"足够的事实根据"。根据德国权威教科书的解释,这里的"有足够的事实根据",也就是"有充分的犯罪嫌疑",指极有可能被法院判决有罪。[①] 该法典第 203 条关于中间程序的规定也再次明确了检察官提起公诉的证明标准:"根据侦查程序结果认为被诉人有足够的犯罪行为嫌疑时,法院裁定开始审判程序。"[②]有罪判决的标准则是内心确信,对此法律亦有明确规定。第 261 条规定:"对证据调查的结果,由法庭根据它在审理的全过程中建立起来的内心确信而决定。"[③]

在德国诉讼法领域,证明标准是指促使法官形成确信的证据所应当具备的质量。德国证据法上的证明标准有三个:(1)信服标准,适用于法院的实体裁判。信服是指法官对当事人主张的案件事实的完全信服。完全信服的基础是法官做出裁判时没有合理怀疑的状态。为此,当事人对主张的案件事实的证明需要达到排除合理怀疑程度,需要排除任何合理的可能性。(2)释明标准,适用于程序裁定。释明是指法官确信当事人主张的事实具有相当的可能性。该标准适用于法律明确规定的情况,主要是程序事项或主张,例如法官回避、诉讼费援助、扣押、临时处置等,释明标准比完全确信标准低,但也要求达到优势可能性的程度;既可以

① 孙长永. 提起公诉的证据标准及其司法审查比较研究[J]. 中国法学,2001 (4):53.

② 李昌珂,译. 德国刑事诉讼法典[M]. 北京:中国政法大学出版社,1995:89.

③ 李昌珂,译. 德国刑事诉讼法典[M]. 北京:中国政法大学出版社,1995:106.

通过举证的方式达到,也可以通过替代宣誓的保证方式达到。(3)表面证明标准,适用于初步的认定,具体适用因民事诉讼和刑事诉讼而异。[①]

(三)刑事搜查证明标准的双面性与层次性特征

如上所述,刑事诉讼的证明标准是多元的,不能一概而论。那么,刑事搜查作为一项侦查措施,要达到怎样的证明标准才能开展搜查,便是本文探讨的核心和价值之所在。

如前所述,刑事诉讼中的证明标准是指承担证明责任的诉讼一方对待证事实的论证所达到的真实程度。那么根据刑事诉讼的多元性,刑事搜查也有特有的证明标准。相应的刑事搜查的证明标准可以界定为:在刑事搜查实施主体对于搜查的对象进行搜查所依据的事实论证所达到的真实程度,也即只有当搜查主体的论证能够达到搜查证明标准,才能合法搜查。就我国目前的法律框架内,这是一种单方证明标准。侦查机关自己认为达到了搜查的证明标准便可以进行搜查。

第一,刑事搜查证明标准具备双面性特征。前文已经提及,诉讼证明标准是有双面性的,体现了主客观的统一,也契合人类认识客观世界的规律。那么刑事搜查证明标准同样也具备双面

---

① 何家弘.外国证据法[M].北京:法律出版社,2003:436.

性。下文将略作阐述。

一方面,诉讼证明标准在存在意义上体现为客观标准,即"客观真实"。"客观真实"是相对于"主观真实"而言的一个概念,"'客观真实'并非指'自在之物'即案件当时情况的本体性重现,而是司法人员对已经发生的案件实际情况的正确认识"[①]。简言之,就是主观实现了与客观的同一,正确地认识了事物的本来面目,而不只是某个认识主体主观上所认为的真实。客观真实是诉讼证明的应然标准、实体标准、检验标准,是主观标准得以正确适用的保障。首先,追求客观真实是诉讼证明的理念,因此是诉讼证明的应然标准。作为应然标准,一方面是应当追求的理念,另一方面也意味着并非任何情况下都必然能够实现。既然诉讼事实是可知的,那么在诉讼证明中即应作为追求的目标,并以之为衡量一定证明主体对诉讼事实认识是否正确的终极性标准。尽管诉讼证明具有一定的主观性或模糊性,在一些案件中也有相当的困难,但这并不能成为不去追求的理由,因为只有要求诉讼证明主体去追求之,才有接近或达致的可能。从实体正义的实现而言,也必须要求证明主体将其作为追求的目标。从当事人的角度看,追求事实真相的发现是其合法权益得到保护的前提;从司法人员的角度看,只有发现事实真相,才能准确界定行为性质、法律

---

① 张立平.客观真实作为证明标准的主体应予坚持[J].湘潭大学社会科学学报,2002(6):11.

关系,正确适用法律。而正确认定诉讼事实的标准从应然层面看,就是"客观真实"标准。从诉讼活动的动态系统来看,客观真实与法律真实并不矛盾。确切地说,客观真实是诉讼活动中不可放弃的理念,是人们对公正的理想与追求,放弃了公正的目标与要求,诉讼的意义何在? 诉讼不去揭示与反映事物的本来面目,怎样去实现法律上的真实,怎样体现实体的公正? 因此,用法律真实去否定客观真实,在诉讼活动中表现了盲目性、低标准。因此追求客观真实是诉讼活动动态系统中具有控制意义层次的价值目标。其次,客观真实是诉讼程序法上的实体要求,因此是诉讼证明的实体标准。客观真实作为诉讼证明的实体标准在我国诉讼法律中虽无明确的概念,但它通过认定"事实清楚、证据确实充分","证据必须查证属实"等实体性标准,体现于刑事诉讼法律规定及裁判文书对事实认定的表述中。我国《刑事诉讼法》第162 条第一款对第一审法院判决要件规定:"案件事实清楚,证据确实、充分,依据法律认定被告人有罪的,应当做出有罪判决。"第137 条规定:"人民检察院审查案件的时候,必须查明:(一)犯罪事实、情节是否清楚,证据是否确实充分……"第189 条第三款规定:"原判决事实不清楚或者证据不足的,可以在查清事实后改判。"再次,客观真实是对裁判主体事实认定是否正确的衡量尺度,因此是诉讼证明的检验标准。从个别诉讼实践看,某个诉讼认识主体对诉讼事实的认定,只能是确信真实,也就是确信自身对事实真相已经发现,并做出认为是符合客观真实的断定。至于这种断定于客观存在的意义是否真正符合,又是不能绝对保证的。但从一般诉讼实践看,诉讼事实作为客观存在的事物,没有在此证明主体的头脑中得到正确的反映,还可能在彼证明主体的头脑中得到正确反映。因此,客观真实又可以在不同证明主体之间通过其各自的"确信真实"起到衡量一定证明主体对事实认识是否与客观存在达到同一性的作用,而成为检验标准。客观真实作为检验标准,既可以在裁判事实认定的过程中起着保证事实认定正确性的作用,也可以在不同审级、不同阶段的司法主体之间依照法律程序对事实认定起着监督的作用;客观真实作为检验标准,不仅对"确信真实"具有检验作用,也对盖然性的事实判断具有检验作用,如二审裁判主体根据自身的确信,便可以对一审裁判主体所作的无论是"确信真实"还是"盖然性"认定,对事实予以重新认定。

另一方面,诉讼证明标准从认识意义上看,又表现为主观标准,或称法律真实标准,具体可以包括"确信真实""高度盖然性""优势证据"等。所谓确信真实,就是诉讼证明主体在确信证明已经达到"客观真实"的状态下,对诉讼事实所作的判断。"确信真实"是客观真实标准在主观范畴的实然表达,也是"事实清楚,证据确实充分"在实然层面的含义。"高度盖然性"或称排除合理怀疑,即认识主体在不能确信证明已经达到"客观真实",但符合"客观真实"的可能性极大的状态下,对诉讼事实所作的判断。优势证据或称排除较大怀疑,即诉讼证明主体在事实真伪不明,但证明待证事实存在的证据明显优于不存在的证据的状态下，即肯定该事实存在的判断。"高度盖然性"和"优势证据"标准都属于盖然性标准，只是盖然性的大小有所差异。盖然性是相对于客观真实而言的，离开客观真实，便无所谓盖然性。诉讼证明的这些主观标准是实然标准、程序标准、裁判标准，是客观标准得以实现的桥梁。首先，主观标准是实然标准，即实际证明程度的衡量标准。客观真实是诉讼证明所应追求的理念，但这一理念并非总是可以实现。其未能实现主要有以下情况：一是认识主体自信已经实现，即达到了确信真实的证明程度，但该确信是错误确信；二是由于其他价值如诉讼效率、人权保障、伦理维护的冲突，必须对事实真相的追求予以放弃；三是由某些事实的性质或特征所决定，对该事实的证明和判断只能达到一定的模糊状态；四是由科学技术的发展程度所决定。某些事实目前尚不具备可知的要件等。但无论何种情况，诉讼认识主体中的裁判主体都必须在一定的诉讼程序中根据自身所认为的实际证明程度对诉讼事实做出断定，"确信真实""高度盖然性""优势证据"等便是衡量实际证明程度的心理或逻辑标准，故为实然标准。其次，主观标准是程序标准，即在一定诉讼程序中适用的标准。一定主观标准的适用必须由一定的诉讼证明主体依照一定的诉讼程序进行，否则，证明主体对事实的断定不产生法律上的效力。主观标准作为一种程序标准，具有适用上的主体性、阶段性、场合性、要件性等。主体性：诉讼证明标准既是对事实主张主体应当达到何种证明程度的要求，也是裁判主体认定事实的衡量尺度。运用证明标准对事实做出裁决性判断的主体只能是审判机关。阶段性：即一定诉讼证明主体在一定阶段适用不同的主观标准，如刑事诉讼中公安机关、检察机关只能对犯罪事实做出涉嫌断定，也就是盖然性断定。场合性：即运用一定主观标准对事实做出断定必须在一定的诉讼场合进行，诉讼场合外的断定不产生法律效力。要件性：即一定主观标准不能随意运用，必须以首先追求客观真实为满足，如裁判主体在事实真相依照法律程序完全有可能发现的前提下，即运用优势证据对事实做出断定，便是对实体正义的不应有放弃。再次，主观标准是裁判标准，即主观标准是裁判主体认定诉讼事实的心理或逻辑标准。主观标准作为裁判标准是相对于客观真实作为应然标准、检验标准而言的。一方面，客观真实是诉讼证明应当追求的理想状态，但这种理想状态最终需要通过裁判主体运用一定的心理或逻辑标准才能实现；离开主观标准，客观标准的实现便无法达致。另一方面，通过一定主观标准的适用对诉讼事实所作的裁判上的断定，都有可能正确或错误。因此一定裁判主体通过主观标准的适用对诉讼事实所做的断定，又可以通过其他裁判主体依照一定法律程序对主观标准的运用，接受客观标准的检验，以在法律程序的范围内，尽可能地保证客观真实的实现。

综上所述，从客观存在对主观认识的根本决定性和制约性看，诉讼证明的终极性标准应是客观真实；从认识主体对客观存在的认识过程看，诉讼证明的标准又体现为心理或逻辑上的主观标准。但客观真实标准的实现须以诉讼认识主体对主观标准的运用为途径,并受主观标准运用要件的限制和程序制约,离开主观标准的运用,客观标准无从实现;主观标准的运用须以客观标准的实现为指向,并依照诉讼程序最终接受客观标准的检验和监督,离开客观标准,主观标准的运用便失去参照的前提和目标。明确认识诉讼证明标准的主客双重性,为诉讼制度设置中程序正义与实体正义的合理平衡与取舍提供了依据。在不同的诉讼阶段,对客观真实的实现要求既应有所不同,又应通过客观标准的适用,对主观标准的不当适用所造成的事实认定错误加以纠正。

由此,诉讼证明标准具备主客观统一性。刑事搜查证明标准便当然也具备了主客观性的统一。主观标准是刑事搜查应达到的证明程度,也即说服程度;客观标准是如何达到证明程度的一些证据要求或曰搜查实质要件。

第二,刑事搜查证明标准具备层次性特征。2013 年 1 月 1 日起实施的新《刑事诉讼法》第 134 条规定:"为了收集犯罪证据、查获犯罪人,侦查人员可以对犯罪嫌疑人以及可能隐藏罪犯或者犯罪证据的人的身体、物品、住处和其他有关的地方进行搜查,但不得少于 2 人。任何单位和个人,有义务按照人民检察院和公安机关的要求,交出可以证明犯罪嫌疑人有罪或者无罪的物证、书证、视听资料。"

按照搜查的对象不同可将搜查分为对人身的搜查、对物品的搜查和对场所的搜查；也可分为对犯罪嫌疑人的人身、物品、住处的搜查，对其他人的人身、物品、住处的搜查，对其他罪犯可能藏身或隐匿犯罪证据的地方的搜查。对不同对象的搜查所触及的公民的权利的性质、程度是不同的，通常公民的人身权利要高于公民物品、场所权利。因此，在决定对公民人身搜查时一定要有充足的理由，认为其可能藏有犯罪证据，并且执行搜查时一定要按法定程序，并尽量不触犯公民的人格尊严、隐私等。如《中华人民共和国刑事诉讼法》第 137 条第二款规定"搜查妇女的身体，应当由女工作人员进行"，就是对女性特殊人身权利的保护。在对物品、场所的搜查时，注意尽量不要对物品、场所造成不必要的毁坏。

《中华人民共和国刑事诉讼法》第 135 条第一款"进行搜查，必须向被搜查人出示搜查证"，及第二款"在执行逮捕、拘留的时候，遇有紧急情况，不使用搜查证也可以进行搜查"，据此可将搜查分为有证搜查和无证搜查。在一般情况下均应持有搜查证进行搜查，在逮捕、拘留时，除非在那种不立即搜查可能会贻误战机、危害严重的情况下，也应持有搜查证进行搜查。这体现了法律对刑事诉讼的一般利益与公民个人利益的平衡：既要保障刑事诉讼的顺利进行，又要尽可能不伤及公民的基本权利。

刑事搜查种类的多样性，决定了刑事搜查证明标准的层次性。只有分别构架不同情形下的搜查证明标准，才能适应搜查的多样性,更好地为搜查的展开提供支持和制约,并在其过程中合理关注人权的保障。

3.3 刑事搜查启动要件的最低限度

尽管在世界各主要法治国家,因为其历史、传统文化以及现实情况不同,各自的刑事诉讼的理念和制度都会有些差异,但随着法治现代化的深入进行以及全球化作用,各国的刑事诉讼的理念和制度越来越多地表现出一种趋同性。综观世界主要法治国家的搜查程序,无论是无证搜查还是有证搜查都体现一些共同的原则性要求,这些原则性要求代表了当今搜查程序的正当性发展趋势,总结起来主要有以下几点。

(一)关于无证搜查的最低限度要求

一般而言,无证搜查主要是指当事人同意的搜查、逮捕附带的搜查和紧急情况下的搜查。从令状主义原则出发,它有背叛此原则之嫌;但它是与侦查工作的实际情况相符合的,主要理由在于维护公共安全和警察自我防卫需要。例如,在英国,55%的搜查属于逮捕附带的侦查,32%的搜查属于经过当事人同意的搜查,有证搜查只占12％。鉴于无证搜查的特殊性,各国都设立了关于其合理执行的基本要求,主要体现在以下几点。

1. 得到被搜查人同意

它是警察在没有取得司法令状或不存在合理根据的情况下所实施的一种合法搜查。之所以采用这种搜查手段,是为了在上述情况下通过争取当事人的同意使搜查合法化。在美国,联邦最高法院在1973年和1974年通过舒涅克罗斯诉巴斯达蒙特和美国诉巴罗克案件,将此项规则加以确立。在法国,初步侦查中对于人身、住所的搜查必须经过被搜查人同意;在德国,留置的情况下,可以经本人同意后搜查其人身和携带的物品。

2. 存在合理根据

此项要求不仅存在于有证搜查的场合,同样也存在于无证搜查的场合。无证搜查中的合理根据主要指警察在抓捕现行犯或逮捕犯罪嫌疑人,尤其是那些重罪犯时,怀疑其身边或住处存在与犯罪有关的作案工具或其他证据或凶器时,可以对其人身或相关场所进行无证搜查,以固定证据、减轻犯罪嫌疑人的人身危险性。合理根据是美国无证逮捕中进行无证搜查的基本要求,尤其是无证逮捕重罪犯时可依合理根据进行无证搜查的做法得到了联邦和各州法律的确认。在美国,无证搜查"必须存在嫌疑人持有武器且有危险的怀疑",该"怀疑"就是对存在合理根据的要求。大陆法系国家中,法国没有必须存在"合理根据"的要求,但德、意、日却同样存在这种要求。

3.情况紧急

情况紧急主要是指来不及申请搜查证在不得已的情形下进行的无证搜查。无证搜查中的"情况紧急"与"存在合理根据"联系得十分紧密。在许多情形下,情况紧急实质上是存在合理根据的前提要件,合理根据是情况紧急要件下实施无证搜查的必要依据。因此只有情况紧急并根据合理怀疑才能进行无证搜查。情况紧急主要是指那些抓捕现行犯的场合,如果不进行搜查,则可能导致证据的灭失、犯罪嫌疑人对侦查人员或社会造成侵害等。因此,世界主要国家在立法和实践中都对侦查人员在紧急情况下的无证搜查予以了确认。

(二)有证搜查的最低限度要求

1.合理根据原则

此处的合理根据区别于无证搜查中的合理根据,它主要是指侦查机关在申请搜查令状时所需具备的正当理由。正当程序下的搜查令状的获取途径是由侦查人员向(预审)法官提出搜查申请,(预审)法官根据搜查申请中的搜查理由是否合理来决定签发搜查令状与否。因此,合理根据对于搜查令状的获取就显得尤为重要,各国对此项原则都做出了规定。美国联邦宪法第四修正案规定"除非基于合理根据,否则不得签发司法令状"。英国法规定,对场所的搜查,警察必须持合理的根据,并证明存在应当强制进入搜查场所的紧急情况，然后治安法官据此签发搜查令状。《德国刑事诉讼法典》第 102 条、第 103 条和《日本刑事诉讼法》第 102 条都对此做了类似的规定。

2.令状主义原则

令状主义原则是指侦查机关将要进行搜查时，关于该搜查是否合法以及是否必要，必须由法官予以判断并签发令状。当执行搜查时，原则上必须对被搜查人出示该令状。令状主义原则是现代刑事诉讼精神的典型体现。一方面，它体现了"诉讼"中合理化的三方构造即控辩对抗、裁判居中的要求，令状主义原则将搜查纳入了"诉讼"的范畴，使其不再是单一的追诉活动而开始受到制约与具备理性因素；另一方面，它还体现了控、审分离的基本要求，将执行主体与裁判主体进行分离，使得侦查机关避免了身兼"运动员"与"裁判员"的双重身份。令状主义原则实质上是法治国家权力制约原则的表达，其根本动因在于通过限权（力）来护权（利）并实现公正之价值目标。搜查中的令状主义原则在当今世界主要国家都得到了不同程度的确立。美国联邦宪法第四修正案、英国 1984 年《警察与刑事证据法》第 8 条、德国《刑事诉讼法典》第 105 条、日本《刑事诉讼法》第 106 条等都对此做了详细规定。

3.特定性原则

特定性原则是指搜查必须由特定主体针对特定的对象进行。具体而言，搜查一般由持有搜查证的侦查人员进行，侦查人员在搜查时只能针对搜查证上所载明的被搜查人、物品或具体场所如住所、办公室、汽车等进行。在西方国家,搜查的特定性原则得到了较为严格的贯彻。在美国,搜查证的签发十分细化,它必须载明被搜查人的姓名或其他足以特定被搜查人的事项;如果是针对场所的搜查,它必须载明被搜查场所如某建筑物所在地的街道名称、建筑物名称、具体的楼层、房间号码等。虽然《德国刑事诉讼法典》没有规定搜查的特定性原则,但德国宪法法院通过判例确立了此项原则,它要求对物品的搜查证必须载明所怀疑的犯罪、物品的特征、搜查的地点等。此外,英国《1984 年警察与刑事证据法》第 15 条、《日本刑事诉讼法》第 219 条等都对特定性原则做出了规定。

4.合理执行原则

搜查中的合理执行主要是指搜查中的时间性要求(包括搜查应在获取搜查证后的哪段时间进行以及具体在一天当中的何时进行)、搜查时的见证人要求、做搜查笔录、保障被搜查人人格权等要求。在美国,有证搜查必须在搜查证规定的 10 日以内进行,除非有特别必要并且经搜查证明确授权之外,搜查一般不得在夜间进行。英国的《警察与刑事证据法》要求,对于场所的搜查应当在签发搜查证后 1 个月以内于合理时刻执行;如果屋主希望有一位朋友、邻居或其他人于搜查时在场,原则上应当准许;对每一次搜查都必须依法做出详细的记录等。《法国刑事诉讼法》第 59 条要求搜查不得在 6 时以前和 21 时以后进行;搜查时要有见证人在场并且要做搜查笔录、由见证人签名。德国、意大利、日本在搜查的合理执行方面也与法国有着类似的规定。此外,各国立法还特别要求在搜查中注重保障公民之人格权等基本权利,如不得随意侵犯被搜查人隐私、保守被搜查人职业秘密、不得随意在公共场所进行搜查、对女性的搜查由女侦查员进行等。

5.救济原则

搜查中的救济原则,主要指非法证据排除和国家赔偿。此处的非法证据排除指要求法官不得采纳警察以非法搜查获取的证据认定被告人的罪行,它有利于搜查程序的正当化并弥补公民因非法搜查而受到的侵害,此项规则在英美法系国家体现得较为明显。美国联邦宪法第四修正案、英国1978年的杰弗里诉布莱克案都确立了对非法搜查所获得的证据予以排除的规则。但在大陆法系国家,此项规则并没有得到确立。在德国,大多数人(法官和学者)认为搜查的非法对于被发现物品的可采性没有影响。此外,英美法国家还对非法搜查对公民造成的侵害设立了国家赔偿制度。

4

我国刑事搜查启动
程序的现状及问题

4.1 我国刑事搜查启动要件的法律规定及问题

我国现行刑事搜查程序的法律依据见于《刑事诉讼法》第134条至第138条共5条、《公安机关办理刑事案件程序规定》（以下简称《规定》）第217条至第221条共5条、《人民检察院刑事诉讼规则》（以下简称《规则》）第219条至第230条共12条。从这些规定并结合侦查实践看，我国立法对于搜查启动程序的规定有着明显的缺陷，主要存在以下几个方面的问题。

（一）刑事搜查的启动比较随意，缺乏明确的启动理由和标准

所谓搜查启动的理由，即侦查人员认为应当进行搜查的依据

或要件。我国《刑事诉讼法》第 134 条、《规定》第 217 条、《规则》第 220 条都规定:"为了收集犯罪证据、查获犯罪人,侦查人员可以对犯罪嫌疑人以及可能隐藏罪犯或者犯罪证据的人的身体、物品、住处和其他有关的地方进行搜查。"可见,我国并未规定搜查启动的实质要件和证明标准。在缺乏搜查启动要件和证明标准规定的情况下,侦查人员只要为了收集证据、发现犯罪嫌疑人就可以对经"自由心证"认定的任何人、物品、住处及其他有关地方进行搜索、检查,这无疑使侦查机关对搜查有较大的选择权和决定权,导致了搜查权的滥用,极易给被搜查人的正当权益造成损害。我国《宪法》第 37 条、第 39 条规定:"中华人民共和国公民的人身自由不受侵犯。任何公民,非经人民检察院批准或者决定或者人民法院决定,并由公安机关执行,不受逮捕。禁止非法拘禁和以其他方法非法剥夺或者限制公民的人身自由,禁止非法搜查公民的身体。""中华人民共和国公民的住宅不受侵犯。禁止非法搜查或者非法侵入公民的住宅。"显然,作为搜查启动法律依据的《刑事诉讼法》的规定与《宪法》不相适应。

(二)搜查决定权由侦查机关行使,不利于法律的监督

我国《刑事诉讼法》第 138 条第一款规定:"进行搜查,必须向被搜查人出示搜查证。"这只是对有证搜查做了较为宽泛的规定,但是并没有对搜查证的决定权做出明确规定。公安部《规定》第

217 条规定："为了收集犯罪证据、查获犯罪人,经县级以上公安机关负责人批准,侦查人员可以对犯罪嫌疑人以及可能隐藏罪犯或者犯罪证据的人的身体、物品、住处和其他有关的地方进行搜查。"检察机关根据人民检察院《规则》第 221 条、第 224 条规定,有证搜查的搜查证由检察长签发,紧急情况下的无证搜查后及时向检察长报告并补办相关手续,采取的则是由检察长审查和事后监督的方式行使。这些规定使得搜查证制度形同虚设。搜查证的签发只由侦查机关自我决定,无须司法机关审查,事后也无法官审查,完全靠侦查机关内部自我约束与监督,不受其他权力机关的制衡。这些规定为侦查人员滥权搜查提供了可能。这种绝对权力的运作,必然包含着滥用权力的危险,[①]显然不利于对搜查权实施法律监督。

(三)对无证搜查的启动规定不明确

我国在确定有证搜查的同时,也规定了无证搜查的情形。我国《刑事诉讼法》第 136 条第二款规定："在执行逮捕、拘留的时候,遇有紧急情况,不另用搜查证也可以进行搜查。"但对于无证搜查的范围没有具体规定。公安部《规定》第 219 条规定:"执行拘留、逮捕的时候,遇有下列紧急情况之一的,不用搜查证也可以

---

① 闵春雷.完善我国刑事搜查制度的思考[J].法商研究,2005(4):121.

进行搜查……"人民检察院《规则》第 224 条规定:"在执行逮捕、拘留的时候,遇有紧急情况,不另用搜查证也可以进行搜查。"从以上规定可看出,侦查人员的无证搜查,在紧急情况下才能进行,同时也仅限制在逮捕、拘留的时候。也就是说,拘留、逮捕并不意味着可以实施搜查。是否可以实施搜查,还要看是否有紧急情况存在;反过来看,仅有紧急情况也不能进行搜查。从表面看,似乎对无证搜查的范围进行了严格限制,体现了保障人权的目的,但是对侦查实践的考察发现,这些规定过度限制了无证搜查范围,无法适应打击犯罪的需要,尤其是在一些高危害的犯罪现实面前,侦查人员不得不突破现有的法律规定,以保障控制犯罪目的的实现。如果在这种情形下搜查,不明确规定无证搜查的启动要件,这样可能侵犯到他人的合法权益,更有可能形成搜查权力的滥用,使执行人员的搜查演变为非法搜查。

1. 对附带搜查的要件规定过严

学界对《刑事诉讼法》第 136 条第二款有两种理解。第一种"并列式"理解认为该条一并规定了紧急搜查行为和附带搜查行为,即在执行逮捕、拘留或在紧急情况下可无证搜查。第二种"重叠式"理解认为无证搜查的要件必须同时满足:(一)是在执行逮捕或拘留期间;(二)必须是在紧急情况下。笔者认为,根据我国立法的语言表达方式,采用后者的理解更为合适,这无疑导致对附带搜查制度的规定限制过严。

2.对附带搜查的对象和范围规定模糊

我国并未规定附带搜查的对象和范围,使得执法人员在搜查时不清楚搜查要针对谁。在我国司法实践中,由于本条规定的模糊性,侦查人员经常直接避开使用本条规定,选择以《调取证据通知书》的方式取得证据,或采用"提取"的措施,以致卷宗中出现的多为提取笔录而非搜查笔录。

3.对附带搜查"补办手续"的规定违背基本法理

在人民检察院《规则》第 224 条中规定"在执行逮捕、拘留的时候,遇到紧急情况,不适用搜查证也可以进行搜查"。但"搜查结束后应及时向检察长报告,及时补办有关手续"。笔者认为,这一规定存在两点问题:其一,赋予合法逮捕的搜查本身已经具备了合法性,属于令状主义的例外,则没有必要再补办搜查证以证明其合法性;其二,如果将此规定看成是关于附带搜查的司法确认制度,在相关附带搜查制度完备的情况下,则大可不必进行规定。

(四)缺失禁止夜间搜查的规定

我国《刑事诉讼法》第二章第五节对搜查权的主体、实施程序、执行方式等做出了界定。但总体上看,我国搜查制度的法治化水平有限,搜查的启动、运作、监督都缺乏有效的规范。在搜查的时间问题上,刑事立法并没有采用国际通行的禁止夜间搜查原则,白天与夜间的搜查无程序控制上的区分。夜间一般人处于生理活动特别是脑力活动的微弱时期,对于侦查机关的有备而来无力防御和应变,这也是侦查部门偏爱夜间搜查的原因所在。实践中侦查人员夜闯私宅、进来就翻、从床上揪起就走频频应用并为实践部门津津乐道。立法和实践是以公共安全和追诉犯罪为价值趋向。我们并不否认立法者追求社会安全的夙愿和司法实务者积极追诉犯罪的良好出发点,但是这样一种一元化的价值选择是有缺失的,它不可避免地渗透着强制和武断的因素。

1. 刑事诉讼目的的悖逆

如果认为刑事诉讼的目的只是发现实体真实,查获犯罪人,则国家的刑事立法可以规定任何制度和措施,尽管它可能侵害公民的自由、尊严、隐私等基本权利,只要它便于追诉犯罪就不加以限制。但是如果承认法治社会刑事诉讼更重要的是它的宏观的社会功能,是通过正当的程序而维系一个价值与利益多元的社会于不坠,则立法者在挥洒笔墨时就必须思考立法背后的价值整合。众所周知,维系社会共同体的价值结构是多元的,有安全、秩序、正义、道德、人权等诸多因素,各种具体的社会价值应当保持适当的和谐。一般情况下,某一领域的价值或制度实施不应以对其他领域社会价值的破坏为代价。换言之,追诉犯罪固然对整个社会的安全至关重要,但它并不因此而较其他价值享有天然的、绝对的优越性。当为追诉犯罪而无以区分地进行夜间搜查,其结果是在可能获取证据或查获嫌疑人的同时必然地对人们的夜间安宁和休息权、隐私权造成破坏。而且由于潜在侦查对象的非具体性,理论上每一个公民都可能成为夜间搜查直接或间接的"受害者"。特别是搜查涉及案外第三人时这样的损害更为严重。从另一个角度讲,国家机关的追诉权力是一个持续性权力而非止于一点,对于大部分搜查即使白天进行也是可以取得同样"战果"的。因此,立法者必须在搜查可获得的功利性效果和对民权的保障上进行比较权衡,在公共安全和个人自由、侦查效率和正当程序之间找到一个结合点。而我国的夜间搜查制度显然不是这种理性价值选择的结果。

2.无罪推定的背反

意大利法学家贝卡利亚在其所著的《犯罪与刑罚》一书中指出:"在法官判决之前,只要还不能断定他已经侵犯了给予他公共保护的契约,社会就不能取消对他的公共保护,如果犯罪是不肯定的,就不应折磨一个无辜者。"①这是对无罪推定思想内容的第一次完整阐释。当代《世界人权公约》和《联合国公民权利与政治权利公约》均将无罪推定作为一项重要的国际刑事司法准则予以提出,并受到世界上绝大多数国家的确认。无罪推定的法治原则反射到侦查程序中,其基本价值取向在于保护嫌疑人在侦查程序中的合法权益,保障其作为人的尊严,就是要把"嫌疑人"非"犯罪人化"。侦查机关除依法行使国家追诉权外,还应对嫌疑人的权

---

① 贝卡利亚.论犯罪与刑罚[M].黄风,译.北京:中国法制出版社,2002:35.

利予以职责上而非仅仅道义上的关注。因此在侦查中应尽量保障嫌疑人的基本权利,不能无以复加地要求嫌疑人承担配合国家侦查犯罪的义务。夜间搜查的立法恰恰允许侦查机关不分情况地随时搜查犯罪嫌疑人或其他公民的住宅,这是对公民基本权益的侵犯,是将"嫌疑人""犯罪人"化思维的结果,与刑事诉讼无罪推定原则的要求相去甚远。

3. 程序正义的丧失

美国民权领袖马丁·路德金有句警世名言:手段代表了正在形成之中的理想和正在进行之中的目的,人们不可能通过邪恶的手段来达到美好的目的,因为手段是种子,目的是树,公正的结果只能依靠公正程序来实现。夜间搜查是以侵害公民某种不可不备的权利,给行为对象造成严重的精神损害为代价的强制过程。这显然丧失了程序正义应有的道德理念和人文关怀,破坏了过程与终极目的的正当性。包括搜查在内的诸多侦查行为其最终目标是查明真相,但查明真相并不是其自身有何目的,而是为了将规则和原则正确地适用于争执。① 规则和原则的特定目的——正义、效率、公共政策在此就显得尤为重要。违背了这些基本的规则就丧失了一项法律内涵的正当性。

---

① 贝勒肆.法律的原则——一个规范的分析[M].张文显,等,译.北京:中国大百科全书出版社,1997:22.

4.2 我国刑事搜查启动的现状及问题

总体而言,我国法律对搜查的实质性限定较少。以搜查对象为例。一方面,法律规定的"犯罪嫌疑人以及可能隐藏罪犯或者犯罪证据的人的身体、物品、住处和其他有关的地方",从理论上讲可以涉及任何人身和场所,范围非常宽泛。另一方面,搜查令不仅由侦查机关自行签发,更几乎不存在任何证明标准需要遵照执行,搜查证签发者享有广泛的自行裁量权,以致实践中有的侦查人员坦言:现在想搜查什么场所,一般都能办到。这实质上导致了这样的效果——几乎没有标准可供评估审批主体的搜查决定,任何搜查证只要签发就是合理的,任何搜查只要有证就是合法的。

实践中曾出现公安机关侦查人员持空白搜查证闯入公民家中的案例。搜查证在实践中使用的随意甚至混乱状态由此可见一斑。

4.2.1 我国刑事搜查的总体运行特点

笔者近两年在 Z 省 H 市、J 市、N 市以及 H 市 X 区等四地的实务部门进行了搜查实践的专题调研。我们通过查阅文书档案、走访座谈等方式获取了大量的一手资料。本书拟以多次调研材料为基础,尝试对现行法律框架下搜查在实践中的运用现状进行一个较为全面、细致的分析整理。

通过对相关数据的统计分析,我们发现搜查在公安机关侦查案件和检察机关自侦案件中的使用呈现出不同的特点。

从整体上看,公安机关在侦查中较少使用搜查措施。根据2012—2014年度 H 市某区公安分局开具的搜查证存根统计,该区 2012 年、2013 年各发案 200 余起,分别使用搜查 70 次和 63次,2014 年实施的搜查总数有所增加,达到 108 次。从这些数据可以看出,即使是在搜查使用最频繁的 2014 年,搜查总数也不到当年全部案件总数的 50%。

据当地公安部门的侦查人员介绍,一般而言,公安机关是在犯罪嫌疑人到案接受讯问,交代了赃款赃物、作案工具去向之后,再根据犯罪嫌疑人供述进行相应的搜查。搜查的主要目的是在于起获、提取相关证据。也就是说,在侦查实践中公安机关大都是"先抓后搜",实施被动搜查多,极少通过主动搜查去发现、查找新证据。而这一观点也得到其余三地公安侦查人员的一致认可。

相比之下,搜查在检察机关办理自侦案件(主要是贪污贿赂案件)过程中的应用就显得更为频繁。以 H 市人民检察院反贪局提供的数据为例,该局每年承办案件中使用搜查案件数量可占到全部案件总数的 60%－70%;其下属基层检察院每年侦办的

16—17起案件中平均也会有12—13起运用搜查手段。此外，J市检察系统的负责同志也向我们表示，在J市，一般由市院牵头查办的大案、要案或基层人民检察院认为重大的案件也都非常重视搜查手段的使用，几乎是案案使用，且搜查程序相对规范。

究其原因，主要是与检察机关查办案件的性质和工作方法有关。自侦案件与公安机关办理的普通刑事案件相比有一个显著特点，即自侦案件主要是"以人找事"，多是经举报、控告、检举等途径得知某人有职务犯罪的嫌疑，并没有太多的证据材料；而普通刑事案件则主要是"以事找人"，即公安机关在案件发生后凭证据材料去寻找线索，查找犯罪人。二者相比，前者在取证和印证证据方面的难度通常要远远大于后者。因此，如果检察机关不能及时收集到关键的物证，自侦案件的侦破工作就很容易陷入被动。这个时候，搜查的重要性就凸显出来。简而言之，搜查在贪污贿赂案件查处实践中主要可以起到以下几个作用：首先，有助于冲破嫌疑人心理防线、突破案件。特别是在外围初查工作不到位的情况下，通过搜查获取关键证据，从而在法律规定的短时间内冲破嫌疑人的心理防线对于案件的侦破非常关键。其次，有利于扩大战果、做大案件。通过搜查，检察机关可能会发现自己尚未掌握的犯罪嫌疑人新的犯罪行为，有利于扩大战果。最后，对固定证据，证实犯罪起到重要作用。在贪污贿赂案件中，犯罪嫌疑人的口供，不仅难以获取且极不稳定，被告人在法庭上翻供的情况时有发生。通过搜查起获赃款、赃物及其他物证，对于防止嫌疑人翻供、证实犯罪具有明显效果。

正因为搜查在贪腐案件查办中发挥着其他侦查手段所不可替代的重要作用,实践中检察机关通常都会较为频繁地进行主动积极的搜查。

4.2.2 搜查涉及罪名状况分析

由于搜查在实践中的功能主要表现为发现、起获物证(主要是指赃款、赃物以及作案工具),因而公安机关多在财产类犯罪和人身伤害类犯罪中运用搜查手段。以 H 市某区为例,自 2012 年至 2014 年,公安机关在盗窃、抢劫、人身伤害,假币、毒品制造、毒品买卖、持有爆炸物品等大类犯罪案件中使用搜查的次数占全部搜查次数的比例分别为 90％,90.5％和 94.4％。其中又以盗窃、抢劫和人身伤害三类案件所占比重最大。值得注意的是,公安机关经济侦查部门在办理相关案件时也会经常性地运用搜查措施,但实践中这类案件所占的比例非常小。当然,由于各地犯罪情况有所差别,搜查涉嫌罪名的分布自然也会呈现出多样化态势,但以侵财犯罪和人身类犯罪为主的整体趋势是基本一致的。

就检察机关而言,搜查多运用于贪污贿赂案件的侦查,纯粹的渎职侵权案件中侦查人员极少运用搜查。在谈到这一现象时,N 市某区检察院渎职检查部门负责人表示,渎职检查部门承办案件的性质与公安部门办理的普通刑事案件比较类似,绝大部分也属于"以事找人",侦查人员多是在相关事件(如重大安全事故)发生之后,根据线索溯及向上,确定是哪个环节出了疏漏,然后对相关责任人进行查办,搜查使用的必要性较小。只有在一些既有渎职又存在贪腐的案件中,渎职检查部门才可能会考虑运用搜查来达到扩大战果、做大案件的目的。

4.2.3　人身搜查的现状及问题

（一）现状

通过对 J 市公安局 2013 年度搜查证存根的调研发现,在 9 张搜查证中,仅有 1 张是针对犯罪嫌疑人的人身签发的。也就是说,实践中对人身进行的有证搜查非常少。但实践中几乎每起案件侦查人员都会对到案犯罪嫌疑人进行"搜身"。于是问题就产生了:如果不通过有证搜查,这些"搜身"行为是以何种形态呈现于侦查活动当中的呢?

由于"搜身"行为通常都是发生在犯罪嫌疑人到案[①]之时,因此,我们有必要先对嫌疑人的到案方式进行相应的考察。

如表 4-1 所示,抓捕是侦查实践中公安机关最常用的到案措施。在 J 市抽样的 40 起案件中,84 名嫌疑人中 63 名是以抓捕的形式到案,占犯罪嫌疑人总数的 75%;H 市 194 名嫌疑人中,抓捕到案的达 115 人,约占 60%。

表 4-1 J 市、H 市抽样案件犯罪嫌疑人到案措施统计

到案措施地区	J 市 N=40 起,84 人	H 市 N=140 起,194 人
抓捕	63	115
拘留	14	28
自首	4	23
传唤	1	9
拘传	1	9
留置	1	8
扭送	0	1
逮捕	0	1

抓捕是指侦查人员采取强力手段将重点犯罪嫌疑对象制服

---

① "到案"是侦查人员的习惯用语之一,是指通过一定方式使犯罪嫌疑人到达侦查机关的办案场所,使其能够接受侦查机关对其面对面的讯问或调查。到案措施并不完全等同于刑事强制措施,如扭送是到案措施之一,但就不属于强制措施的范畴。

归案，重点嫌疑对象主要包括经过排查而确定具体身份的犯罪嫌疑人及某些现行犯。座谈中，公安机关同志表示，侦查员在将嫌疑人控制的同时或之后极短时间内一定会对其进行"搜身"。这种"搜身"是十分必要的，"一是探明和清除隐藏在被搜查人身上的各种凶器，以防止被搜查人利用凶器对搜查的执法人员、过往的群众以及其自身的安全造成威胁。二是查获藏匿在被搜查人身上的各种罪证，以防止被搜查人寻机销毁罪证，否认事实"。① 除此之外，对现行犯实施人身搜查还可达到根据其随身物品确定嫌疑人真实身份的目的。

实际上，"抓捕"并不属于《刑事诉讼法》规定的法定到案措施，实施时无须办理任何法定手续，仅凭侦查人员的身份即可。而附带于抓捕实施的人身搜查一般也不会有书面记载，只有从嫌疑人身上获得有价值的证据时，侦查人员才可能会考虑补办搜查证。

此外，从表 4-1 中可以看出，拘留在到案措施体系中同样占到一定比例。我国《刑事诉讼法》规定："在执行逮捕、拘留的时候，遇有紧急情况，不另用搜查证也可以进行搜查。"尽管《公安机关办理刑事案件程序规定》对"紧急情形"进行了明确界定，但仍预留很大的弹性空间。在实践中，几乎所有在执行拘留过程中实施的搜查都可以被侦查人员认为是符合"紧急情况"的要求，从而

---

① 公安部政治部.警察查缉战术教程[M].北京:警官教育出版社,1996:86.

无须办理搜查证。需要说明的是,从笔者的调研情况来看,刑事拘留作为一种到案方式绝大多数针对的是共同犯罪中涉案在逃的犯罪嫌疑人,在其他情况下使用得很少。

留置、扭送和传唤在轻微案件中也有相对较多的运用。其中,留置作为"当场盘问、检查"的延续,本身就意味着已经对犯罪嫌疑人进行了行政检查;而嫌疑人在被扭送之后,警察同样也会对其进行人身检查。这种人身检查可称为"当场检查",其正当性来源是《人民警察法》第 9 条及相关解释。传唤作为一种刑事案件和行政案件共同的到案措施,虽然现有法律并未明确这种情况下侦查人员可否对其人身及随身携带的物品进行检查,但在实践中,出于安全方面的考虑,侦查人员一般都会进行检查或搜查。这种做法也得到了公安机关相关规章的认可。相关法规并未对人身检查的操作、限度等问题做出具体的规定。实务部门的同志撰文指出,实践中警察检查人身与搜身的方式没有做任何区别,同样是贯彻了"由表及里、仔细彻底的操作方法"[①]。也即,人身检查的方法和强度实际上与人身搜查无异,完全可以达到同样的效果。所以,行政检查消解了刑事搜查在人身方面适用的情形,当案件转入侦查程序后,人身搜查已经变得毫无必要。

下面,笔者用一张表格,如表 4-2 所示来说明侦查实践中各类"搜身"活动呈现的具体样态。通过这张表格,我们就不难明白

---

① 谢川豫.我国警察检查权剖析[J].中国人民公安大学学报,2005(3).

为何实践中针对人身签发的搜查证或《搜查笔录》会如此之少了。

表 4-2　各到案措施"人身搜查"具体形式统计

到案措施	行为样态	是否持搜查证或进行相应记录
抓捕	抓捕同时进行搜身	无证、无记录,若获得有价值证据可能会考虑补办手续
拘留	实施拘留同时进行搜查	一般符合无证搜查要件
留置	行政检查	检查无须手续,转入侦查程序后已无须人身搜查
扭送	行政检查	同上
传唤	行政检查或搜查	基本无证、无记录

(二)问题

前面已经提到,绝大多数犯罪嫌疑人是通过侦查人员主动抓捕到案的,然而"抓捕"本身并非严格意义上的法律术语,我们只有在澄清其法律定位的前提下才能判断附随于它的无证搜查是否合法。

抓捕的主要作用是将某些现行犯和非现行案件中的重大嫌疑分子制服并带至公安机关。我国现行《刑事诉讼法》第 61 条规定"公安机关对于现行犯或者重大嫌疑分子,如果有下列情形之一的,可以先行拘留……",《公安机关办理刑事案件程序规定》第 106 条规定:"公安机关对符合拘留要件的犯罪嫌疑人,由于出现犯罪嫌疑人正实施暴力活动,有可能危及在场群众安全或是在实施犯罪行为后正在逃跑自杀等紧急情形,来不及办理拘留手续的,应将犯罪嫌疑人抓获,带至公安机关后立即办理拘留手续。"上述规定为公安机关在紧急情况时适用先行拘留提供了法律依据。在现行法律形式上不承认无证拘留的情况下,所谓的"先行拘留"实际上包含了"抓获"和"拘留"两个环节,即先将现行犯或重大嫌疑分子抓获控制后再办理相关法律手续执行拘留。也就是说,单纯的"抓捕"并不同于执行拘留,它不是一种强制措施,执行抓捕无须任何法律手续,只需确定该人是现行犯或重大嫌疑分子即可。法律的缺陷直接影响了搜查措施的适用。如前所述,在我国现行法律框架下无证搜查仅使用于"执行逮捕、拘留的时候,遇有紧急情况"一种情形,但这样的设计在实践中几乎没有适用的空间。因为绝大多数的拘留或逮捕是建立在抓捕的基础之上,抓捕才是真正意义上控制嫌疑人的到案措施,拘留、逮捕只是到案后法律手续的完善而已,无证搜查大都附带于抓捕活动中,但这种无证搜查从严格意义上讲却是违法的。

实际上,从世界范围来看,基于维护各方安全、保全证据方面的考虑,几乎所有的法治发达国家都允许警察在执行逮捕时对嫌疑人人身和周围场所进行附带的无证搜查。反观我国,现行的拘留制度和"紧急情况下可无证搜查"的规定显然没有考虑侦查实践的正当需要,过度限制了侦查人员的无证搜查权,以至司法实践中出现大量有正当性的违法行为。为解决此问题,立法应做出调整,确立我国的附带搜查制度,确认该类型无证搜查的正当性。大致而言,可以从以下几方面考虑:第一,区分紧急情况下的无证拘留(也即实践意义上广泛使用的"抓捕")与有合理根据而无紧急情形的有证拘留,并明定相应的启动要件;第二,删去现行法关于无证搜查需有"紧急情况"的要求,规定只要在执行拘留逮捕过程中均可实施附带搜查;第三,限定附带搜查的实施范围。可参照美国法将附带搜查限定在嫌疑人的"可立即控制的范围",超出此范围的搜查需办理相关手续。

4.2.4　场所搜查现状及问题

从 J 市公安局 2013 年搜查证存根上所载的场所性质情况来看,在 9 张搜查证中,对象为嫌疑人住宅的达 7 张,对象为嫌疑人亲属住处的 1 张。由此不难看出,公安机关搜查的范围多限于嫌疑人或其亲属的住所。与公安机关不同,检察机关在控制嫌疑人的同时,通常会对嫌疑人的住处及其办公室展开同步搜查。这一现象并不难理解,因为职务犯罪案件嫌疑人是国家工作人员,其办公地点相对固定,且藏匿犯罪证据的可能性相当大,自然成为侦办人员搜查的重点对象。值得注意的是,实践中无论是公安机关还是检察机关都极少对嫌疑人住宅和办公场所之外的其他场所实施搜查。

几乎所有案件都会涉及从有关场所获取物证,但实践中实施的搜查数量是如此之少。那么侦查人员是以何种方式收集到相关物证的呢?对此,笔者分析了案卷,并与侦查人员进行了交流。根据对卷宗的统计分析结果和侦查人员的介绍,笔者发现实践中从场所获取物证主要有以下几种途径。

第一,进行现场勘验,直接采用提取或扣押的方式从犯罪现场收集、固定物证。毫无疑问,这种方式完全符合法律的规定,且在侦查实践中发挥着越来越重要的作用。

第二,根据犯罪嫌疑人的交代进行"起赃"。即在犯罪嫌疑人交代了赃款、赃物或犯罪工具的具体下落后,侦查人员带着犯罪嫌疑人前往相关地点进行提取,并以扣押的方式来完成证据保全的过程。这种做法被称为"起赃",在实践中有着极为广泛的运用。理论上,这种情况完全符合有证搜查的要件,但侦查人员通常很少选择进行搜查。因为在侦查人员看来,搜查手续比较繁琐费时,而且有遭遇失败、承担责任的风险。相比之下,带着嫌疑人"起赃"不仅省时省力,而且在嫌疑人亲自指认下提取的证据会具有更强的说服力。基于此,侦查人员取证往往遵循以下的方式:如果没有起获赃物,一般就不形成任何书面材料;如果起获了证据,则直接制作提取笔录或扣押清单。显而易见,这种场所取证方式的基本前提是嫌疑人交代了相关证据的下落,因此对嫌疑人讯问就显得至关重要。而目前实践中犯罪嫌疑人的高认罪率为公安机关进行证据提取奠定了坚实的基础。我们在四地的抽样案卷中发现,侦查机关在讯问犯罪嫌疑人之后采取的取证次数,无论总量上还是相对数量上均明显高于讯问前。这也从一个侧面反映了讯问在获取物证线索方面的重要意义。

第三,向相关机构和个人调取证据。根据《刑事诉讼法》第45条规定,人民法院、人民检察院和公安机关有权向有关单位和个人收集、调取证据。侦查机关在发现证据之后,可以通过行使法律赋予的职权,签发《调取证据通知书》,要求相关机构或人员提交;如果拒绝提交,侦查机关可以采取强制措施,即通过强制扣押的方式获取证据。实践中,侦查部门经常采用这种方式来获得相关的证据,比如向银行、医院、移动公司调取存折、病例、短信、电子邮件,向保安部门调取探头录像等。在某些职务犯罪的外围侦查中,检察机关还常常会秘密联合嫌疑人所在单位的纪检监察部门先行保存、调取案件的重要材料。

第四,对场所的行政检查。侦查人员以行政检查的方式来发现、收集存在于公共场所或第三人控制场所中的相关证据。这种方式主要在侦查人员无法获得搜查授权的情形下使用。就我们的调研情况来看,这种情况在实践中很少发生,因为嫌疑人的高认罪率使得侦查机关可以比较容易地了解到证据的确切下落,从而采用"调取"或"起赃"的方式直接进行采集,而无须动用搜查。由此可见,侦查实践中场所取证方式的多元化使得场所搜查的必要性大为降低,特别是在一些案情较为简单的小案件中,这种趋势表现得尤为明显。以 H 市某县检察机关为例,该院 2012 年立案 24 件 26 人,使用搜查仅 3 次;2013 年立案 19 件 19 人,使用搜查 5 次;2014 年立案 23 件 23 人,使用搜查 7 次。相关负责人向我们解释说,由于该院侦办的多为情节简单的小案件,一般通过查账、银行查询等手段就足以应对,因而搜查使用较少。

前面已经提到,即使在符合有证搜查要求的情况下,侦查人员通常也会直接选择"起赃"来规避搜查,这一现象值得我们关注。起赃有三个明显的特点:一是有犯罪嫌疑人的明确指认;二是往往有犯罪嫌疑人的陪同,实际操作中,通常是由嫌疑人现场指认赃物所在,并见证侦查人员的起获活动,最终还需在提取笔录或扣押清单上签字;三是不办理搜查手续,这表明,起赃行动实际上建立在犯罪嫌疑人相当程度的同意和配合基础之上,并非纯粹的强制性侦查措施。因此,其"既具有一定的现实必要性(合理根据),也具有实质上的正当性(犯罪嫌疑人同意)"①。然而,这种在实践中运用极广的侦查手段却缺乏正式的法律地位。实际上,起赃的特征完全符合西方国家"同意搜查"制度的要求,是一种实质上的"同意搜查"。因此,从完善诉讼法的角度出发,笔者认为,我国应当在总结实践经验、借鉴相关国家制度的基础上,增设同意搜查机制,从法律层面上认可起赃及类似行为的正当性,并加以规范。

---

① 周洪波,潘利平.无证搜查:立法与实践的背离及其完善[J].西南民族大学学报(人文社科版),2008(8).

4.2.5 检查的现状及问题

检查是指警察对特定人员的人身及其随身携带物品的检验、查看。检查是《人民警察法》第 9 条规定的强制性措施。由于警察法规定警察检查权的基本目的在于"维护社会治安秩序",因此,检查通常被认为是一种行政调查措施。就治安行政案件的调查而言,检查也确实是一种运用最为广泛的调查手段。从性质划分角度,检查与搜查应该有严格的区别。但我们在调研过程中发现,警察检查在两种情况下与侦查程序发生联系:一种是在群众对犯罪嫌疑人及时扭送之后,以及 110 巡警、社区民警在日常巡逻、设卡检查过程之中发现犯罪嫌疑人时,由警察对犯罪嫌疑人进行的检查,这种情况可称为"当场检查";另一种是侦查人员在对特定犯罪嫌疑人采取留置手段之后,对其进行的检查,这种检查可称为"留置后检查"。上述两种检查实质上都属于无证搜查。[①] 但我们的实证调研发现,留置措施在警察实践中很少使用。其一个主要原因在于:留置需要将嫌疑人扣押在刑警大队或派出所的留置室,并由办案人员自行看守。但现实中,一则因为基层公安机关硬件设施有限,缺乏规范的留置室;二则因为办案

---

① 谢川豫.我国警察检查权剖析[J].中国人民公安大学学报,2005(3).

人员缺乏看守嫌疑人的必要技巧或精力,因而往往导致被留置人员逃逸或自杀、自残。因此,为了避免给自身造成麻烦,办案人员往往倾向于直接采取刑事拘留措施,并马上将嫌疑人押送看守所。另外,拉网排查是侦查机关经常使用的一项侦查手段,对侦查工作往往是非常必要的。但在法律上,拉网排查面临巨大尴尬:排查范围往往动辄几十上百户,甚至更多,侦查机关几乎不可能挨家挨户填写搜查证。因此,拉网排查都没有申请搜查令状。再有,各地在追逃工作中经常对交通要道实施封锁,对过往所有车辆一律搜查。由于搜查对象的绝对不确定性,事先申请搜查证根本不具可行性。因此,所有类似搜查都是无证搜查。在这里,侦查工作的现实需要与法律规定再次脱节。如果将我国无证搜查的立法与实践中无证搜查的情形加以对照,不难发现刑诉法的规定及相关司法解释,对实务部门不仅没有明显作用;相反,缺乏法律规制的无证搜查却大行其道,立法与实践之间存在巨大的差异。显然,在无证搜查问题上,现行法规范与制度运行之间出现了根本的背离,立法和实践之间产生了严重的脱节。我们认为,造成上述问题的原因固然是多方面的,但更多的是由于立法技术的问题,即在立法过程中缺乏实证考察,想当然地进行设计,从而有悖侦查规律,没有考虑到侦查实践的实际需要,过度限制了侦查官员的无证搜查权,以致根本无法适应变化万千的司法实践,并直接导致了以下后果:

1. 突破立法、违背侦查法定原则

按照法治的要求,侦查机关只能行使刑事诉讼法明确授予的权力。对于刑事诉讼法没有授予的权力,侦查机关不得行使,否则属于越权。由于法律规定与侦查官员的侦查工作难以契合,符合法定要件的无证搜查难以实施。相反,面对犯罪控制任务的巨大压力,特别是在高危害性犯罪的现实威胁面前,侦查官员往往被迫突破法律规定,在更广的范围内实施无证搜查。但在没有明确规定的情况下,属于越权执法,不符合现代国家的法治理念。

2. 缺乏监督制约、侵犯人权的现象时有发生

由于立法本身的缺陷,侦查机关实施的无证搜查,不仅违背了侦查法定原则,而且完全由侦查机关自行掌握,不受任何外部的监督和制约,极易导致侦查机关滥用职权。而一旦突破法律规范成为习惯,并为权威机关所默许,那恶意的、不当的、侵犯公民权利的无证搜查就可能泛滥成灾,尽管没有具体的统计数据,但实践中不乏这样的案例。众所周知,由于法律的滞后性,司法实践中突破法律、违背法律的行为在某些方面、一定程度是必然的。但是,如果对法律的突破是合理的,那只能证明法律本身有问题。既然公共安全和侦查实践需要侦查官员有在更大范围内实施无证搜查的权力,那现行法律的限制显然就失之严格,其规定的范围也偏于狭隘。因此,有必要对现行无证搜查制度从立法和实践两个方面进行分析,一方面要看到无证搜查的立法规定在实践中无法践行是基于何种原因,是否有继续存在的必要或者需要吸纳

实践中的一些经验予以调整、修改；另一方面，要看到实践中某些具体做法的非规范性，分析其是否存在实践的合理性，研究、比较这些做法在当前及未来一段时间内运作的利弊大小，对搜查运作过程中的合理性因素予以吸纳，而对非理性因素予以排斥。在此基础上提出我国无证搜查制度改革和完善的观点，以满足打击犯罪和保护人权的需要。

4.2.6　搜查证明标准存在的问题

如前所述，我国的刑事搜查几乎不需要任何理由或要件，相应地，更无须相应的证明标准来限制要件的实现。这也是上述搜查乱象存在的最根本原因。搜查的任意启动，践踏了公民权利，为司法机关的权威蒙上了一层阴影。研究刑事搜查的证明标准，首先应当从刑事诉讼的证明标准出发。现行刑事诉讼证明标准存在着如下问题。

1.忽视了公、检、法三机关的职能分工，证明标准缺乏层次性

我国立法规定侦查终结、提起公诉、法院判决的证明标准都是"犯罪事实清楚，证据确实充分"，不符合办理刑事案件的客观实际和刑事诉讼规律。刑事诉讼中控、辩、审三种职能相互分化的机制符合宪法上的分权和制衡原理，有其不同的认识论和心理学基础，是程序正义原则的重要制度保障。不同的机关在不同的

诉讼阶段，基于不同的职能进行不同的诉讼行为，并做出相应的决定，对犯罪嫌疑人和被告人产生不一样的影响，有必要适用不同的证明标准。与诉讼职能区分和制衡相对应的是诉讼职能的集中和混淆。只要其中一个诉讼主体同时承担两种以上的诉讼职能，或者实施与其诉讼职能不相符的诉讼行为，那么诉讼主体就将出现诉讼角色的混乱。现行法律对不同的诉讼行为都要求相同的证明标准，事实上混淆了公、检、法三机关的职能分工，违背了诉讼活动的基本规律。而且刑事案件在侦查终结、提起公诉阶段就要达到有罪判决的证明标准，也意味着法院的设置是司法资源的浪费。

2. 过分强调客观真实，忽视甚至是否认证明标准的主观性

我国的刑事诉讼证明标准强调证据的客观性，强调案件事实的客观方面，不是从司法人员的主观思维状态——自由心证的角度提出要求，而是要求司法人员在使用证据认定事实时不应反求于内心，而应始终盯住客观事实本身，从而否认司法人员对证据的判断和事实认定的自由心证原则。事实上，司法人员在裁判或者处理案件时，必然要对案件事实和证据形成一定的主观判断。除了在神示证据制度和法定证据制度下，任何一名司法人员在做出有罪认定时，实际上都确信自己的裁判或者认定是正确的，即形成内心确信。法官在判断证据的证明力时采取自由心证的判断方式，即使我国诉讼法否定自由心证制度和法官具有所谓的"内心确信"，但司法实践中，它们仍然实实在在地存在着。因此，

我国刑事诉讼证明标准片面强调客观而忽视主观,是违反认识规律的。而且,与两大法系国家相比,我国的法官对证据的审查判断受到的制约更少,享有更大的自由裁量权,如直接言词原则在我国得不到贯彻执行,证人不出庭作证已成为较普遍的现象,法官享有对疑问证据的庭外调查权,判决理由的秘密性,证据规则缺乏,非法证据排除规则执行不严等,使得我国法官有相当大的自由度形成自己的心证。因此,我国法官在实际司法中所操作的证明标准具有更大的主观性。

3. 证明标准技术性不足,缺乏可操作性

"犯罪事实清楚,证据确实充分"的证明标准,要求将"客观事实"作为衡量裁判者认定事实是否正确的标准或参照物,但客观事实是一去不复返的历史事件,而对这种"客观事实"的认识不仅要糅合认识主体的主观思维,其本身正是认识主体通过证据所要竭力查明的,将这种尚待查明的"客观事实"作为认定事实的标准,是不可能具有操作性的。并且,自《刑事诉讼法》实施以来,对"犯罪事实清楚,证据确实充分"的证明标准的含义,没有明确的司法解释。最高人民法院、最高人民检察院、公安部、国家安全部、司法部、全国人大常委会法制工作委员会《关于刑事诉讼法实施中若干问题的规定》和最高人民法院《关于执行〈中华人民共和国刑事诉讼法〉若干问题的解释》对此问题都予以回避;最高人民检察院《规则》第286条第三款,只对证据不足的具体标准做了列举性规定。它也只是采用列举法从反面对"犯罪事实清楚,证据确实充分"的证明标准做出解释,不可能穷尽证据不足的所有情况,也说明了难以从正面把握这一证明标准。况且"犯罪事实清楚,证据确实充分"的证明标准,在司法实践中容易引起很多误解。误解之一:案件事实清楚,就是与犯罪行为有关的各个方面的事实都清楚,否则不能定案。误解之二:案件事实清楚,证据确实充分,就是案件事实的每一个情节都要有证据证明,有一个完整的证据链条,而不管事实的结论是否排除了合理怀疑。误解之三:犯罪事实清楚,证据确实充分,是互相一致的证据在种类和数据上有很多就可以了。因此,我国立法所规定的证明标准由于大而空,即使对其做出一些具体的解释,但在实践中也不可能形成一个明确和可操作性的标准,从而导致司法人员在实际操作中往往由个人凭其法律意识和信念去掌握,以致在认定案件事实时不易形成共识,影响了办案的准确性,并因相互扯皮而损害了诉讼效率。①

在我国,搜查措施虽历经数十年社会、文化等方面重大转变而其未发生实质性的变革。侦查机关、检察机关和审判机关有权向有关单位和个人收集、调取证据,而有关单位和个人应当如实提供可以证明犯罪嫌疑人、被告人有罪或者无罪、犯罪情节轻重的物证、书证、视听资料等证据。我国《刑事诉讼法》深刻地体现

---

① 李建明,杨力.证据理论与诉讼实践[M],哈尔滨:黑龙江人民出版社,2001:242.

了公民积极配合国家追诉的价值理念,公民有义务服从国家专门机关的搜查要求,公民更有义务主动交出与犯罪相关的证据材料。按照这种理念,国家是全体公民合法权利的维护者和保障者,全体公民应当充分信任国家专门机关打击犯罪和追诉犯罪的活动。国家专门机关为了准确查明案件事实,可以动用一切力量、调集所有资源。全体公民应当积极协助国家专门机关调查犯罪,服从国家专门机关查明案件真相的要求。在多年的刑事司法实践中,公民积极配合和服从已经成为国家专门机关奉行不悖的诉讼理念。犯罪嫌疑人、被告人需要积极配合侦查机关的侦查工作,如实供述自己的罪行,提供与犯罪有关的证据等,以求得国家宽大处理,否则可能因认罪悔过态度不佳而在强制措施和量刑等上有所体现。被搜查者因可能藏有犯罪嫌疑人、存有犯罪证据而有被搜查之必要,侦查机关和检察机关可以要求被搜查者交出涉及犯罪的各种证据,被搜查者应当服从国家专门机关搜查活动的要求。那些与侦查机关对抗或不配合搜查活动的被搜查者,侦查人员可以强制搜查;如若其在逃或者拒绝签名、盖章,工作人员只需在笔录上注明即可。在这种强调公民积极配合和服从义务的理念之下,所谓构建搜查措施的约束机制、监督体系以及保障被搜查者权利等将困难重重。搜查措施的强制性与公民的基本权利存在天然的联系,可是过去我国并没有对可能侵犯公民基本权利的国家权力按照现代法治应有之义进行合理的制约,而且公民积极配合国家追诉的理念如同一道枷锁,对被搜查者的权利施加了巨大的限制,并深刻地影响了搜查措施的进一步发展。随着刑事诉讼的现代化,防止搜查权力恶性膨胀以及保障被搜查者的合法权益不受不合理侵害的呼声日益高涨。有鉴于此,本文对搜查启动要件进行研究,对搜查措施在刑事司法实践中可能出现的问题予以理性反思,并结合西方国家的搜查制度对我国搜查措施的完善提出些许建议。

5

域外刑事搜查启动
要件比较研究

5.1 搜查证的签发

世界各国普遍规定,侦查机关在执行搜查的时候,原则上必须向被搜查者出示搜查证。在美国,搜查证主要包括以下内容:"搜查证的签发地、证人的姓名和证言、搜查地点的描述、被搜查地点的所有者或控制者的姓名、所寻找事物的描述、需要该事物的原因、根本的事实和情况、证人及证据已证明有合理的根据、搜查的范围、授权条款。"[①]加拿大也对搜查证的内容做出了严格的

① EVANSK. Search and seizure[M]. Nevada: The National Judicial College Press,2002:113-171.

规定:"确定需要申请的搜查证类型以及相关规定;向治安法官、高等法院法官或地方法院法官申请搜查证;详细描述证人的身份;消息来源;犯罪嫌疑人情况;争议财产,避免过于宽泛、模糊地描述其位置、尺寸、所有者或占有者的姓名及所属情况;被搜查的地点;侦查过程摘要;之前的搜查申请;特殊要求的原因(电话监听、晚间搜查);结论或所请求的搜查证。"①根据《德国基本法》第13条第二款以及《德国刑事诉讼法》第103条、第104条和第105条之规定,德国搜查证需要对搜查地点、搜查原因、以期查获的物品等与搜查相关的细节做出全面且详细的记载。《日本刑事诉讼法》第219条规定,搜查证必须写明嫌疑人的姓名、罪名,应予搜查的场所、身体或物品,有效期及过期不得执行并退回搜查证的意旨,签发的年、月、日,并由法官签名、盖章。

各国搜查证之内容呈现出以下几个方面的特点:其一,搜查证通常需要详细阐明搜查的原因,即以哪些根据或凭借何种理由启动搜查;其二,搜查证必须指出搜查地点、搜查对象等,以明确搜查的范围;其三,搜查证应当规定搜查的时限和适用特殊搜查方式的原因,以尽量不妨害公民的隐私权、财产权等的合理方式进行搜查;其四,以持有中立的法官签署的搜查证进行搜查为主,以时间紧迫或为实现控制犯罪之目的时无证搜查为辅。从各国

---

① 见 Canadian Criminal Procedure and Practice[EB/OL]. [2013 - 01 - 11]. http://en. Wi ki books. org/wiki/Canadian_Criminal_Procedure_and Practice.

刑事司法实践的情况来看,明确具体的搜查证,一方面有助于防止国家专门机关搜查权力的滥用;另一方面,可以使被搜查者了解搜查原因,合理预期所要搜查的对象或场所,并积极配合侦查机关的搜查工作。

关于搜查证的签发程序,上述国家和地区均将搜查的批准权和执行权分开。一般来说,批准或决定搜查的人是法官或检察官,执行搜查的是侦查人员。而大多数国家的搜查证一般由法官签发。这主要基于司法审查考量,其目的在于通过司法权控制侦查权。

目前有一趋势,各法治国家和地区对侦查人员搜查权力的限制日趋严格。我国台湾地区在 2001 年修订"刑事诉讼法"时,将检察官的搜查决定权取消,改由法官签发。美国、英国、德国、日本等国家,对搜查证的程序要件和实质要件均做了更为严格的规制,从而在实现犯罪控制目标的同时,对公民的个人自由和安全形成强有力的保障。这在一定程度上实现了国家权力和个人权利的相对平衡。

5.2 无证搜查的适用

由于搜查直接侵扰了公民的隐私权,故对其予以严格限制理所应当,对无证搜查更是如此。无证搜查缺少外部权力的事前控制,如果对其运行范围、启动要件不予以明确限定,则侦查权力的滥用不可避免。但对无证搜查的权力边界过于严苛的限制,则可能使其所欲保护的利益与侦查的社会利益之间失去平衡。

西方国家的无证搜查制度根据司法实践的需要,无论英美法系还是大陆法系国家都赋予了侦查官员在公共安全受到威胁的情况下实施无证搜查的权力,并建立了较为完善的无证搜查体系。在侦查实践中,大部分搜查都是无证搜查,通常是经过被搜查人同意的搜查或者是逮捕附带的搜查。例如,在英国经过被搜查人同意的搜查占32%,逮捕附带的搜查占55%,而经过治安法官签发搜查令进行的搜查只占12%。① 在大陆法系的德国,只有大约10%的搜查具有司法令状。② 因此,根据侦查实践的需要,大多数国家确立了以下无证搜查制度。

(一)逮捕附带的搜查(Search incident to arrest)

大多数国家如英、美、日等均确立了逮捕附带的搜查制度。如美国于1973年通过"切默尔诉加利福利亚"(Chime l VS California)一案确立"逮捕犯罪嫌疑人时,可以当场对其人身和

---

① 孙长永.侦查程序与人权[M].北京:中国方正出版社,2000:6.
② 托马斯·魏根特.德国刑事诉讼程序[M].岳礼玲,温小洁,译.北京:中国政法大学出版社,2004:113.

逮捕时的场所进行无证搜查,以解除犯罪嫌疑人用来反抗逮捕或帮助其逃跑的武器,以及发现可以被其隐藏或毁灭的证据"①。对美国、日本及我国台湾地区"刑事诉讼法"中有关附带搜查规定对比综合分析比较,就刑事附带搜查的主体而言,均由执行符合附带搜查的前提要件的强制措施主体实施;在实施的前提要件方面,美国仅适用于拘禁逮捕,而其他导致逮捕但并不导致羁押的情况下一般不适用附带搜查。但在日本和中国台湾地区,附带搜查适用的情况比较灵活,除逮捕外,还适用于拘留、拘提、羁押等强制措施;在时间要件方面,几个国家和地区都强调了搜查应与逮捕、拘留及羁押同步,这不仅是出于附带搜查制度及时收集犯罪证据并保障执法人员及其他人员安全的目的,也是基于在令状主义例外的情况下对犯罪嫌疑人、被告人或现行犯合法权益的保护;最后在搜查的范围方面,几个国家和地区都进行了不同的规定,其中美国法以判例的方式对搜查范围的规定更为详尽,可为我国参考。

1. 附带搜查的前提条件

合法逮捕在日本,附带搜查理论上也被称为"合法逮捕附带的搜查"。这一点体现了附带搜查的附带性,具体体现为两个方面:首先,其启动和进行具有附带性,附带搜查必须以合法的拘

---

① 陈光中,徐静村.刑事诉讼法学(修订版)[M].北京:中国政法大学出版社,2012:118.

留、逮捕或者羁押为前提条件。换言之,只有在拘留、逮捕或者羁押等先行行为合法进行时,始能启动搜查这一后续行为。其次,其效力具有附带性,当拘留、逮捕、羁押等先行行为合法时,附带搜查为合法,纵使搜查所获证据、犯罪嫌疑人并非本案证据,附带搜查仍为有效,其扣押物品、文件为合法取得的证据,可以作为他案裁判的依据,因为,"基于合理根据而逮捕犯罪嫌疑人是对人身的一种合理侵犯(a reasonable intrusion)。既然该侵犯是合法的,那么随后的搜查也就是合法的,合法逮捕的合理性使得随后的搜查也具备合法性"。① 当先行行为非法时,附带搜查亦为非法,相关诉讼程序和诉讼主体产生相应的否定性法律后果。

2.附带搜查的时间限制

即时性及其修正附带搜查的时间限制在法律上与学理中经历了由严格到相对宽泛的发展过程。首先,刑事附带搜查的法律性质决定了其实施原则上必须具有即时性,也就是应当与逮捕同时进行或者紧随其后实施,符合此要件才属于正当的附带搜查。其原因在于,若非如此,那么,并不会发生执法人员及其他相关人员安全上的顾虑及证据可能毁损、灭失的问题,附带搜查也就没有必要性。但是,美国联邦最高法院后来对"附带搜查应于逮捕同时或者是紧接逮捕之后为之"这一要件进行了修正,认为对于"逮捕后经过一段时间实施附带搜查"的情形属于合法的附带搜

---

① 李学军.美国刑事诉讼规则[M].北京:中国检察出版社,2003:66.

查,即确定了"即时性"要件例外的情况:只要具有"正当理由",可以于逮捕之后经过一段时间进行附带搜查。

3.附带搜查的实质要件:必要性原则

附带搜查的实质条件是指发动附带搜查时应恪守比例原则,实施搜查必须具有相当的必要性,否则执法人员将会有滥权可能以及侵犯公民基本权利的嫌疑。所谓"必要性",是指"为达成搜索的目的所应具备的合理依据及符合比例原则"①。英国1984年《警察与刑事证据法》第32条规定,除非警察有合理的理由相信人身或场所具备其他条款规定的情形,否则警察无权进行附带搜查。《日本刑事诉讼法》第220条规定,检察官、检察事务官或司法警官职员在进行附带搜查时,应在必要时才可以进行。至于该原则在具体案件中的应用,在美国存在个案分析法则和明确法则两种不同的处理。所谓个案分析法则,即附带搜查的实施并不要求相关情况一定会发生,但应具有一定的事实依据,只有在警察的理由或怀疑达到"相当理由"的程度,认为犯罪嫌疑人的身体或容器内藏有凶器或证据时——执行人员如果不及时采取搜查措施,犯罪嫌疑人就很有可能脱逃或者涉嫌犯罪物品或证据灭失的危险性就会增加,从而对案件的侦破会带来较大的阻碍——才能实施搜查;明确法则,该法则系指警察于逮捕犯罪嫌疑人后,可以无条件地实施完全搜查。

---

① 柯庆贤.论修正之搜索及扣押[J].法学评论(第67卷),2001:86.

4.附带搜查的范围限制

刑事附带搜查范围的合理界定,是附带搜查制度的关键问题之一,直接影响到执法人员及相关人员的安全和证据保全及犯罪嫌疑人、被告人的基本权利的保障。从各国对于附带搜查的规定来看,其范围稍有差异,但是其限制程度是基本相同的,都要求出于保护安全及保全证物的需要,进行搜索和查找;在具体案例中,由于司法人员面对的执行拘捕、羁押的危险状况往往是潜在的、突发的,因此,各国对搜查范围的决定理由仅做了原则性规定,搜查人员可以根据案件具体情形自由决定搜查的范围,一般无须具有法定理由。美国通过一系列判例,确立了刑事附带搜查范围的两大原则:"一览无遗原则"和被逮捕人"立即可控原则"。"一览无遗原则",又称作"直接视野"原则,该原则原本适用于警察持证搜查的情形,但实务上已将之扩展到附带搜查;其原意是指在有证搜查的情况下,对于警察视力所及范围内的物品,即使超出令状范围,无证进行的扣押也被认为是正当的。"立即可控原则"是指附带搜查范围应仅限于"被告二人或者犯罪嫌疑人立即可控的范围",即"被逮捕的被告二人或犯罪嫌疑人可能取得凶器或是证据的范围"[①]。

关于附带搜查的具体范围,在人身范围方面,出于对公民基

---

① Robert M. Bloom,Mark,Brodin.刑事诉讼法[M]郝银钟,等.译.北京:中国方正出版社,2003:142.

本权利和尊严的维护与尊重,主要局限于被逮捕者本人,且在物理空间上只能搜查犯罪嫌疑人的身体与衣服的口袋;在场所范围方面,具有更大的可扩展性和不确定性,主要涉及拘留,或者逮捕发生在住宅内时对其住宅的搜查及逮捕汽车驾驶员或乘客时就被逮捕人立即可触及范围的交通工具的搜查。

(二)同意搜查

在没有紧急情况、没有实施逮捕措施,也没有搜查证的情况下,如果一个人同意让警察对自己进行人身搜查,或对他的住宅进行搜查,那么搜查即是合法的,搜查所得的证据也得以进入司法程序。在英美法系国家,同意搜查在实务中得到广泛的应用。例如,有人统计,在美国大约98%的无证搜查都是以同意搜查的方式进行的;[①]在英国80%的搜查是经同意的搜查,而治安法官签发的有证搜查只占12%。[②] 在大陆法系国家,同意搜查也得到了肯定,如《法国刑事诉讼法》第76条规定,初步侦查中对于人身、住所的搜查必须经过被搜查人的同意。

美国是同意搜查制度确立最早、最完善的国家。美国通过联邦法院的判例发展了无令状搜查的规则,以及判断同意自愿性的

---

① 王兆鹏.经同意之搜索[J].法学丛刊,1999(44):176.

② 孙长永.侦查程序与人权[M].北京:中国方正出版社,2000:106.

标准,并且对联邦宪法第四修正案规定的搜查扣押令状原则不断进行修正。美国联邦宪法第四修正案禁止不合理的搜查和扣押,警察原则上必须有相当理由并取得司法机构签发的令状之后才能对公民进行搜查、扣押,否则通过适用非法证据排除规则对非法搜查、扣押所取得的证据予以排除。然而,犯罪数量逐年递增与司法资源有限性之间的矛盾不断激化,使得司法实践中开始探索简便易行,从而提高执法效率的取证手段。同意搜查和扣押就是其中一种有效的执法行为。美国联邦法院最早是在 1921 年 Amos v. United States 一案的判决中对同意搜查的合法性进行确认的。该判决肯定了经被告同意而进行的搜查无须具备宪法第四修正案中要求的司法令状和正当理由。[①] 在 1973 年 Schneckloth v. Bustamonte 一案中,联邦最高法院解释了"同意"的确切含义,并认为有时经第三方的同意后,警察也有权侵犯个人的隐私。[②] 联邦最高法院通过判例表明了同意搜查在执法上的优点,即当警察仅有一些证据,但尚未达到相当理由的程度,同意搜查可能就成为获得重要的、可信证据的唯一方法,对侦查取证工作有相当大的帮助。即使是警察有相当理由进行令状搜查的情况下,同意搜查仍有其价值,那就是在被搜查人的同意之下可以不用搜查令状,这就避免了逮捕所带来的不必要的麻烦,同

---

① Amos v. United States,255 U. S. 313(1921).

② Schneckloth v. Bustamonte,412 U. S. 218(1973).

时省却了向法院申请搜查、扣押令状的复杂手续。因此,经被搜查对象自愿同意的搜查成为广泛适用的合法搜查手段。警察之所以经常采用这种搜查手段,是因为尽管有时对搜查存在合理根据,但警察认为他们没有时间去取得司法令状,或者他们本来就有意节省时间;但更主要的原因是,在没有合理根据也无法取得司法令状的情况下,争取当事人的同意能够使他们的搜查合法化。显然,同意搜查与普通搜查程序的最主要区别在于,搜查因被搜查人的同意而无须搜查令状及合理理由。经同意后的搜查不但在不违反宪法的前提下给警察的执法带来了便利,并且避免了强制搜查和扣押所造成的矛盾进一步激化。

通过综合分析美国同意搜查的判例,可以总结出其同意搜查制度的基本内容。(1)同意必须具有自愿性。除非同意搜查的授权是自愿的,而不是"因为受到以明示或默示的方式施加的威胁或者强迫的结果";[1]否则,该项同意授权在法律上将属于无效授权。同时该判例指出,就自愿性而言,并不存在万能的界定方式。法院系统一般认为,自愿性应当根据具体案件的综合情形加以判断。[2] 根据美国联邦宪法第四和第十四修正案,当事人所做出同意的意思表示必须完全出于自愿,只要存在胁迫,无论是明示的还是暗示的,都因违反宪法而无效,所取得的证据也将作为非法

---

① Schneckloth v. Bustamonte,412 U. S. 218(1973).

② 约书亚·德雷斯勒,艾伦·C. 迈克尔斯. 美国刑事诉讼法精解(第一卷·刑事侦查)[M]. 吴宏耀,译. 北京:北京大学出版社,2009:266.

证据被排除。为了明确自愿性的审查标准,联邦最高法院通过判例列出了被搜查人同意自愿性的基本构成因素:第一,被搜查人在同意搜查当时是否被逮捕;第二,被搜查人是否被执行逮捕的警察采用强制手段,例如被制服、上手铐等械具,从而屈服于这些身体的强制;第三,侦查人员所搜查的房屋钥匙是否从被搜查人手中取得的;第四,被搜查人是否采取了逃避的行为或者试图误导警方,或者他是否否认有罪或者否认在他的房屋里存在任何证明他有罪的物品。但是,上述事实的部分或者全部对于自愿性的判断并没有决定性的意义,因为每个案件所面临的情况有所不同,在个案自愿性的判断上必须立足于该案自身特有的事实。

(2)警察没有告知有权拒绝同意的义务,但是不得欺骗或者误导被搜查人。美国联邦最高法院在 Schneckloth v. Bustamonte 案判决中指出,"尽管我们也需要考虑当事人是否知悉自己享有拒绝的权利,但这并不能成为警察经同意后进行搜查的前提条件"。由此可以看出,当事人不知道自己享有拒绝同意搜查和扣押的权利并不能成为阻碍同意搜查合法性的事由,警察如果在搜查时未告知被搜查人有拒绝同意的权利,并不会因此导致同意搜查违法。尽管法律并没有明确要求警察必须告知被搜查人有权拒绝同意,但是警察不得欺骗或者误导被搜查人,从而获得表面上自愿的同意。当搜查所依据的同意是出于执行调查的警察的虚假陈述时,警察的误导性陈述可能使得表面上是由当事人做出的"同意"无效。另外一个判例体现了法院对于欺骗与同意之间的直接因果关系的重视。在1966年霍法诉美国案中,作为工人领袖的霍法的同事隐瞒了自己投靠政府做了情报员这个事实。美国联邦最高法院认为,本案中这种欺骗行为并没有侵犯任何第四修正案保护的利益。理由是:"在人类社会现实状态下,人与人的交往之中被欺骗的危险或许是永远存在的。我们有必要假定无论何时我们的讲话都是一种冒险。"①该案件判决所昭示的原则是,欺骗行为不能一概导致同意搜查无效。而欺骗的实质性作用,就是促使法庭严厉地限制搜查的范围,任何超越当事人同意范围的搜查都应该被认为是非法的。(3)控方对同意的自愿性承担证明责任。同意的自愿性,由检察官负证明责任,检察官应以优势证据加以证明。② 控方有责任证明被搜查人对执法警察搜查的同意是具体、明确和自愿的,尤其是在被搜查人当时正被警方羁押的情况下更是如此。(4)同意权人的范围。在某些特殊情况下,不是被调查对象的人也可以做出对搜查的有效同意。这通常是房屋的共同所有人或者有与被调查对象拥有同等使用房屋权利的人,如配偶或者父母。由于现在美国在第四修正案基础上更加强调对隐私权的保障,因此,法院一般认为,只有搜查将会对一个人的隐私权可能造成侵害时,这个人对搜查的同意才是有效的。例如,如果一个人在犯罪现场有合法利益但是没有直接的拥

---

① Schneckloth v. Bustamonte,412 U. S. 218(1973).

② 华尔兹.刑事证据大全[M].何家弘,等,译.北京:中国人民公安大学出版社,2004:301 -302.

有权,那么他就没有对该场所同意搜查的权利。相类似的还有店主、房东以及饭店的职员无权同意对饭店客房进行搜查,但是除非这间客房的旅客专门授权他去这样做。[1] 另外,当某个与被搜查人有某种特定关系的人实际控制着某处或者某件物品时,该人就有权同意对某处或某件物品的搜查。

英国法律将同意搜查作为优先于令状搜查的一种取证手段。有资料显示,在英国,经过被搜查人同意的搜查占 32%,逮捕附带的搜查占 55%,而经治安法官签发搜查令进行的搜查只占 12%。[2] 英国同意搜查制度对构成被搜查人同意的条件比美国更加明确。《〈警察与刑事证据法〉执行守则》B"关于警官搜查房屋和警官扣押在人身和房屋发现的财产的执行守则"第 4 条专门规定了经同意的搜查应具备的条件。该法第 4.1 条规定,如果打算基于一个有权同意进入该房屋的人的同意而对房屋进行搜查,在搜查执行前,该同意在可行时必须在权力与权利告知书上书面给出。警官必须进行调查,以便确认该人有权给出这样的同意。该法第 4.2 规定,在寻求同意之前,负责搜查的警官应当说明将要进行的搜查的目的,并告知相关人他没有义务同意,以及被扣押的任何东西都可能被作为证据提出。如果这个时候那个人没有犯罪嫌疑,警官应当在说明搜查目的时告知他这一点。该法第

---

[1] Bumper V. North Carolina,391 U. S. 543(1968).

[2] 罗纳尔多·V. 戴尔卡门. 美国刑事诉讼——法律和实践[M]. 张鸿巍,等,译. 武汉:武汉大学出版社,2006:246-250.

4.3 条规定,如果同意是被迫的或者在搜查完成前被撤回,那么警官不能依照第 4.1 条进入和搜查房屋或者继续搜查房屋。在该守则中,通过指导注释,更加明确了同意搜查的范围,如指导注释 4A,"如果是住宅或者类似的住所,搜查不能仅仅根据房东的同意进行,除非承租人找不到并且情况紧急"。① 即使在非经同意的搜查中,英国法律也要求警察在进入房屋之前尽量征得同意权人的许可。《〈警察与刑事证据法〉执行守则》B 第 5.4 条规定:"负责行动的警官应当首先试图与占有者或者其他有权同意进入房屋的人进行交流,通过说明他根据什么样的权利寻求进入房屋并且要求占有者允许他进入,除非:(i)已经知道将要搜查的房屋是无人使用的;(ii)已经知道占有者或者其他有权同意进入房屋的人不在里面;或者(iii)有合理根据相信,通过试图与占有或者其他有权同意进入房屋的人交流会惊动他,从而会损害搜查的目的或者使相关的警官或者其他人处于危险之中。"② 这充分体现了英国刑事诉讼中对公民权利的尊重。

《德国刑事诉讼法》中没有关于同意搜查的明确规定,但是规定了同意扣押。根据《德国刑事诉讼法》第 94 条第二款的规定,采取保全措施首先应征得物品所有人同意;但不需要任何特别权力,任何警察均可以移动有关物品。只有当所有人拒绝或不愿交

---

① 刘方权.论搜查的正当程序[J].山东公安专科学校学报,2002(6).

② 克雷格·布拉德利.刑事诉讼革命的失败[M].郑旭,译.北京:北京大学出版社,2009:240 -241.

出物品,才需要进行狭义上的扣押。《德国刑事诉讼法》区分了所有人拒绝合作的两种情况:如果物品有可能在此人身上或其所有物中找到,那么将对其人身及所有物进行搜查,然后扣押所获得的物品。如果搜查不能发现物品,例如那些可以存放在任何办公机构或银行保险柜中的文件,但是有理由相信它是由除嫌疑人之外的其他人保管,当迟延有危险时可以命令其他人提交该物品。如果该人在没有合理理由的情况下不服从这一命令,法官可以对他罚款或最多将其关押六个月。① 德国学者认为,《德国刑事诉讼法》并未对以上违背所有人意愿而获取物品的某一方法有所偏向;如果满足了法律规定的条件,警察或检察官可以根据其刑事工作经验进行选择。②

《法国刑事诉讼法》第 76 条规定:"非经住所内的人明示同意,不得在住所内进行搜查、察看或扣押物证。此种同意必须有当事人亲笔书写的声明,或者如当事人不会书写,应在笔录上记明,并写明当事人同意。"③从该条规定可以看出,在侦查阶段,对住所内进行搜查、察看或扣押物证必须经住所内的人同意,而且同意搜查、扣押的形式必须为书面形式。

---

① 《德国刑事诉讼法》第 70 条、第 95 条第二款.

② 托马斯·魏根特.德国刑事诉讼程序[M].岳礼玲,温小洁,译.北京:中国政法大学出版社,2004:105-106.法国刑事诉讼法典[Z].罗结珍,译.北京:中国法制出版社,2006:69.

③ 林山田.刑事诉讼法[M].台湾:五南图书出版公司,2004:348-349.

我国台湾地区的"刑事诉讼法"也确立了同意搜查制度。在搜查前,执行人员应先查明同意人是否具有同意之权限,并应将其同意之意旨记载于笔录,由被搜查人签名或出具书面同意证明材料。关于如何判断同意的自愿性,有学者认为应综合考虑告知的方式是否有威胁性及同意者意识强弱、教育程度、智商高低等一切相关因素。①

(三)紧急搜查

在嫌疑人具备现实的人身危险性,或有毁灭、隐匿、转移证据之可能,或时间紧迫、若非及时搜查则可能致使嫌疑人脱逃或证据消灭,或有其他紧急情况,侦查主体得以突破令状原则,依职权启动搜查。其原因无非是:在此等情况下,嫌疑人本身的危险性已经造成对他人利益或社会秩序的重大威胁。综合权衡利益得失,毋宁以有限度地牺牲对嫌疑人的人权保障换取对他人利益的保护或对犯罪的控制。例如,警察在日常巡逻中听见枪声,听见呼救声,或者看到一个人拿着枪、手里抱着一大捆钞票,诸如此类的情况,如果不立即进行搜查就有可能放纵犯罪人或者导致证据灭失,因此警察应当采取行动。此时,保护公众和证据的需要比办理搜查证更重要。以上表明,各国无不正视错综复杂的客观现

---

① Katz v. United States,389 U. S. 347(1967).

实,区分普通情况下的有证搜查和特殊情况下的无证搜查,赋予侦查官员在公共安全、本人安全面临危险等情况下突破令状主义之权限,其目的是满足警察对社会公共安全和秩序维护的权力资源的需求。

1. 普通法系国家的紧急搜查制度

在美国,为平衡保护公民个人权益与打击犯罪、维护社会安全之间的矛盾,其搜查制度以有证搜查为原则,以无证搜查为例外。美国宪法增修第 4 条对有证搜查原则进行了明文规定:"人民有保护其身体、住所、文件与财产之权,不受无理拘捕、搜查与扣押,并不得非法侵犯,除有正当理由,经宣誓或代誓宣言,并详载搜查之地点、拘捕或搜押之人或物外,不得颁发搜查票、拘票或扣押状。"而围绕该条宪法原则,在司法实践中,通过 1971 年库里奇案、1990 年霍顿案和 1996 年沃沦·布朗案形成了美国刑事诉讼对无证搜查的例外规定。[①] 依据其规定,紧急情形可以作为无证搜查的正当理由,但要求其紧急性的内容必须适当。一般来说,"紧急性"的基本内容主要包括以下三种情形:(1)为防止罪犯或者嫌疑犯的脱逃;(2)为防止证据的湮灭;(3)为保护警察、他人或公众的安全。此外,美国还规定了对紧急搜查的限制和监督,即一方面规定紧急搜查的范围只能限于合理范围,包括犯罪嫌疑

---

① 李永涛,许昆,周水清,等.中美无证搜查制度比较[J].中国刑事警察,2007(6).

人人身,可能隐藏有武器、犯罪证据的场所等;另一方面,美国司法机关有权对侦查机关通过紧急搜查所获得的证据进行实体和程序上的审查。

英国《1984 年警察与刑事证据法》第 1 条规定:"警察有合理根据怀疑他将发现被盗或违禁的物品,可以搜查任何人或者车辆,以及位于车辆内或车辆上的任何物品。"[①]第 32 条规定:"不论何种情形,当某人在警察局之外的任何地方被逮捕,如果警察有合理的理由相信被捕者可能对自己或他人采取危险性行为,警察可以搜查该被捕者。"[②]从上述规定不难看出,英国并不禁止无证搜查。事实上,英国的无证搜查较为普遍,包括执行逮捕、执行拘禁或紧急情况下的搜查、逮捕以后的搜查和同意搜查。但无论在哪种情形下实施无证搜查,都必须要有法定的理由,即"合理根据怀疑""合理理由相信"。紧急搜查同样如此,英国规定警察在追捕过程中或者为了保护生命、健康或者防止对财产的严重损害,可以在无搜查证的情况下进入场所进行搜查。[③] 同时,为防止警察紧急搜查权的滥用,英国规定治安法官具有对警察无证搜查行为的事后审查权。

① 王彬.论紧急搜查制度[J].兰州学刊,2007(11).

② 张斌.我国无证搜查制度法理之构建——(刑事诉讼法)第一百一十一条第二款质疑[J].京师刑事法治网.

③ 孙长永.侦查程序与人权[M].北京:中国方正出版社,2000:99.

2. 大陆法系国家的紧急搜查制度

《德国刑事诉讼法典》第 105 条中明确规定："是否搜查,只允许由法官决定,在延误有危险时,也允许由检察官或他的辅助官员决定。"[①]由此可见,德国承认紧急搜查的合法性,而"延误就有危险"即是紧急搜查合法的前提。在此基础上,该法进一步规定了对紧急搜查权的控制,即规定凡由检察官或他的辅助官决定的搜查措施,必须在 3 日内提请法官确认;同时规定了紧急搜查的救济,即规定被搜查者有合理的权利要求对搜查的合法性进行事后的事实确认。根据上述规定,检察官或其辅助官决定的紧急搜查,只有在依相关程序获得法官确认之后方为有效。

俄罗斯联邦《刑事诉讼法典》允许侦查机关在紧急情况下进行无证搜查,同时规定了对紧急搜查权的控制。该法第 165 条第 5 项规定,侦查员应在自开始紧急搜查行为之时起的 24 小时内向法官和检察长报告进行搜查行为的事宜;在收到上述报告后,法官应在 48 小时以内检查侦查机关的决定合法或不合法,如果认为不合法,则所取得的所有证据依照该法典第 75 条的规定被认为不允许采信。与德国立法所不同的是,在俄罗斯,侦查机关进行的紧急搜查,在未经有权机关确认违法而予以撤销之前,仍属有效存在的状态。

在大陆法系国家中,日本是实施搜查令状制度最为严格的国

---

① 黄鹤.刑事搜查研究[J].今日湖北(理论版),2007(3).

家。该国宪法第 35 条对其搜查的令状主义原则进行了明确规定："对任何人的住所、文件以及持有物不得侵入、搜查或扣留……搜查与扣留，应依据主管司法官署签发的命令书施行之。"但即便如此，日本仍对无证搜查进行了例外规定，如《日本刑事诉讼法典》第 126 条规定："……检察事务官或者司法警察职员在执行拘传证或者羁押证的场合有必要时，可以进入有人居住或者有人看守的宅邸、建筑物或船舶搜查被告人。在此场合，不需要搜查证。"第 220 条规定："检察官、检察事务官或者司法警察职员，在依照第 199 条的规定逮捕被疑人或者逮捕现行犯的场合有必要时，可以做出下列处分：一、进入有人居住或者有人看守的官邸、建筑物或船舶搜查被疑人……做出第一款的处分，不需要令状。"唯日本，实施无证搜查的"紧急性"理由，一般理解是存在犯罪嫌疑人、被告人逃跑或销毁证据的危险情形，在这种情形下，侦查人员无须申请令状即可进行搜查。

基于《法国刑事诉讼法典》"保障国家权力的行使、保证诉讼效率与保障人权的统一"这一价值取向，法国关于紧急搜查的启动、搜查的范围规定相对来说比较宽松。如《法国刑事诉讼法典》第 56 条规定："如果犯罪性质属于可以通过扣押被认为可能参与犯罪的人所持有的证件、文件或其他物品，或者扣押与所控之罪有关的文书或物品而获得证据，司法警察应当毫不迟延地立即前往其住所进行搜查，并且制作笔录。"第 93 条规定："搜查可以在任何可能存有某些如发现将有利于查明真相的物品的一切地方进行。"①与此同时，为防止搜查权行使对公民权益的侵害，法国规定了相当严格的搜查程序，如规定搜查执行人在搜查前有义务"采取一切措施使职业秘密得以保守和辩护权利获得保障"；对于律师、医师、公证人、诉讼代理人、执达员等专业人员的办公室或住宅进行搜查时，"应由一名法官进行"，并要求有相关职业组织的负责人在场。再如第 59 条规定："除非屋主提出要求，或者法律另有规定，搜查和家宅查访不得在 6 时以前和 21 时以后进行。"②

在意大利，侦查期间的搜查原则上必须由法官或检察官批准，但在紧急情况下，侦查机关可以在没有获得令状的情况下进行无证搜查。这种紧急情况下的无证搜查要求搜查结束后侦查机关必须在一定的期限内主动陈报有权机关，取得对其无证搜查合法性的确认。如《意大利刑事诉讼法典》第 352 条第四项规定，司法警察应立即向搜查执行地的公诉人移送搜查执行情况的笔录，在任何情况下移送的期限不得超过 48 小时。如果具备紧急搜查的前提条件，公诉人在随后的 48 小时内对搜查做出认可。③在对搜查的时间限制上，该国刑事诉讼法典规定搜查不得在"7 时之前、20 时之后进行"，但同时规定侦查机关在对人身或场所进行无证搜查时可"不受上述时刻的限制"。此外，《意大利刑事

---

① 余叔通，谢朝华.法国刑事诉讼法典[M].北京：中国政法大学出版社,1997:49.

② 余叔通，谢朝华.法国刑事诉讼法典[M].北京：中国政法大学出版社,1997:49.

③ 王彬.论紧急搜查制度[J].兰州学刊,2007(11).

诉讼法典》还明确了非法搜查的后果，即违法搜查所获得的证据一律没有证据能力。

通过对上述两大法系各国紧急搜查制度的比较分析，可以发现，无论是大陆法系国家，还是普通法系国家均承认搜查紧急性的存在，并将其作为无证搜查的前提条件，但由于各国在历史传统、法律文化等方面的差异，其对紧急搜查制度的具体化规定略有不同。比较而言，普通法系国家更注重对紧急搜查启动条件的限制，而大陆法系国家则偏向于对搜查程序的规制。

5.3　搜查启动的理由及证明标准

我国《刑事诉讼法》和相关司法解释规定，只要侦查人员认为存在隐匿罪犯或者犯罪证据的可能，即可对被搜查者的人身、物品、住处和其他有关地方进行搜查。《刑事诉讼法》和相关司法解释并未对侦查人员得出此结论所依据的证据和证明所达到的标准做出明确的规定。侦查机关为了实现收集犯罪证据、查获犯罪嫌疑人之目的，可以轻易地启动搜查措施。此外，由于公安机关侦查人员所持搜查证由县级以上公安机关负责人批准，检察机关搜查证由检察长批准，所以对启动搜查措施的证据是否已经达到证明标准的判断和衡量由公安机关负责人或检察长进行内部控制,即由公安机关或检察机关内部管理、监督和约束。而世界其他国家关于搜查的理由及证明标准的规定也不尽相同。

5.3.1 域外规定

(一)美国

《美国宪法修正案》第 4 条规定:"无可能成立的理由(Probable cause)不得签发令状。"在令状许可的架构下,确立了"Probable cause"的搜查理由,并使这种"可能成立的理由"的概念存在于第 4 条修正案的心脏。[①] 美国在将搜查的司法令状作为宪法内容的同时,又从宪法层次确立搜查的理由,不仅使法院对搜查的控制成为现实的可能性、具有可操作性,避免司法控制流于形式,而且在深层次上折射出美国对公民基本权利限制的慎重,同时通过搜查的根据使令状的签发带有实质的合理性和正当性。因为所有的搜查、扣押都必须搁浅可能成立的理由——而非有时如此。[②] 对于"可能成立的理由"美国联邦最高法院曾在

[①] Alber. W. Alschuler. BrightLine Fever and Fourth Amendment[J]. 匹兹堡大学法学评论,227.

[②] 阿克希尔.瑞德.艾玛,第四修正案的基本原则:禁止"无理搜查、扣押和逮捕"[C]//江礼华,杨诚.美国刑事诉讼中的辩护.北京:法律出版社,2001:209.

Carroll V. U. S 案中做过这样的解释,即当官员掌握有可能合理地相信其真实的信息,根据这些信息所获悉的事实和情况本身足以使有合理谨慎的人相信犯罪已经发生或者正在实施时,合理根据就存在了。[①] 对上述内容进行分析,大致可推断出"可能成立的理由"具有四个方面的内容。第一,"可能成立的理由"构成的前提要件是具有一定的犯罪事实信息,犯罪的发生是启动搜查的必备要素。犯罪事实存在的信息是刑事诉讼赖以启动的要件,也是搜查得以启动的基础性因素,犯罪发生的证据或情况是其赖以得到法官同意签署令状的依据之一。第二,这种信息通过一定的载体能够展示于法官。这种信息既与犯罪有关,又与搜查有联系,并能对法官产生一定的影响。第三,"可能成立的理由"判断的标准是理智正常且谨慎从事的一般人的认识,这种认识具有主观性。这种带有主观性的认识属于法官对侦查人员提出搜查理由的判断,是对侦查人员提出搜查理由审查后的评断,在某种意义上是对侦查人员认识搜查理由的一种确认。这种判断采用的是一般人的认识标准,而非采用超常人的认识标准。第四,"可能成立的理由"的证明在程度上高于可能性,即存在超过不存在对于"可能成立的理由"的解释相当容易。但是,在司法实践中落实"可能成立的理由"证明应当达到何种程度,即证明标准问题却相当困难。美国对此存在不同的观点。乍一看,该词似乎蕴含了一

---

① Carroll V. U. S. ,267U. S132,162(1925).

个高于 50％的标准,或至少高于 1％;只有某个搜查行为可能发现某些物品时"比不可能更可能,或至少不是非常不可能"令状才应颁发。[①] "可能成立的理由"不能是一个固定的标准。不考虑伤害的紧迫性、搜查的侵害性、搜查的原因等而坚持所谓的"可能性"是没有任何意义的。同样,"可能成立的理由"不能是一个高的标准。在美国,由于联邦最高法院专注于"令状"和"可能成立的理由"一方面规定它们,另一方面制定一个又一个的例外,大法官们在自觉思考到底什么造成不合理的搜查或者扣押上所花的时间达到相当惊人的地步。[②] "可能成立的理由"对于不同对象、不同场合等属于一个复杂方程式的变量,对机场来说 0.1％的可能足矣;而对于权利者的日记或夜间无证搜查的理由达到 100％则也属于不合理。我们认为,在考虑搜查的根据时,应坚持"可能成立的理由"的基本内涵,在证明标准上越过合理怀疑或可能性,注重的是搜查申请理由的合理相信,而不是搜查后通过搜查结果来验证申请是否合理,从而防止搜查者幻想事后的合理而滥用搜查申请权。同时,此标准也给予警察执法相当的空间,因为警察在执法时,常面对模棱两可的情形,警察若发生错误,必须容忍。但此错误,必须是一般合理的警察根据当时的事实,谨慎做出决定而发生的错误。要求比相当理由还高的标准,会不当限制警察

---

① Carroll V. U. S. ,267 U. S 132,162(1925).

② Silas J. Wasser strom &Louis M. Seidam, The Fourth Amendment AS Constitutional Theory[J]. 乔治亚法学评论,1988(19).

的执法。若容许比相当理由还低的标准,等于将守法人民的命运置于警察的手上,警察得恣意,而为所欲为。[①] 对于搜查的理由,在美国存在"警察权力与公民权利"的冲突和"安全与自由"的两难,解决此问题的方法绝不是简单地直接选择一个命题而弃之另一个,平衡二者关系则为理性的选择,而"平衡并不意味着平均",将"可能成立的理由"的证明标准一劳永逸地固定为 50% 以上。但对证明标准也应量化;否则,实践中对宽泛而抽象的标准难以操作,最终会逃离抽象原则的控制,使标准仅具形式的外壳。美国联邦最高法院拒绝通过数字来量化证明标准,美国大多数学者及法院则将"相当理由(可能成立的理由)"量化为约等于 46% 或量化为平均值 45.78%。[②]

"可能成立的理由"应依客观的标准认定,而非以警察的主观标准判断。在实际操作中,这种判断大多建立在目击证人、一般证人或其他人员(警察)的传闻证据上,这种传闻属于有"合理可信的讯息"。美国法院必要时询问证人,并要求警察宣誓,通过宣誓书来确保"理由"的相当性。同时也随着判例的变动,使"相当理由(可能成立的理由)"成为流动的法律概念(a fluid concept)。如在 1964 年的 Aguilar VS Texas(378U.S108.1964)案中,对线

[①] BrinegarV. United States,338U.S.,176,183(1949).

[②] Mc Cauliff, Burdensof Proof: Degree of Belief, Quanta of Evidence, or Constitutional Guarantee? 35Vand. L. Rev. 1293,1325(1983).

人提供信息以"双叉法则"①为"相当理由",而在 1983 年 Illinois VS Gates 案中予以推翻,确立"综合判断"法则为"相当理由"(the totality-of-circum stances analysis),但有些州如纽约、华盛顿州等仍坚持前者。

(二)英国

在 16 世纪,英国执法官员基于"一般令状"在搜查方面被授予巨大的权力,并在执法的实践中出现凭一般令状专横跋扈现象,因而引起英国司法界对此的反思;但迟至一百年以后,英国法院和议会才开始对一般令状采取行动予以反对。英国是最早存在有证搜查和无证搜查的国家。对于有证搜查,英国刑事诉讼程序确立以"合理的根据(reasonable grounds)"作为搜查理由。警察一般向基层刑事法院法官提出申请,法官在听审了经宣誓而提供的证据后相信有下列情形的:(1)发生的犯罪是严重的可逮捕的罪;(2)居所中可能有对侦查犯罪有重大价值的材料(申请中提及);(3)该材料可能会成为有关证据;(4)很难与有权允许警察进入居所的任何人联系上,或该人会拒绝警察进入,或除非有一名赶到居所的警官可以保证能够立即进入,否则搜查的目的会达不

---

① 双叉法则是指以线民提供的讯息作为相当理由的判断,必须符合两个要件:(1)讯息具有可行性,查明线民得知此讯息的基础或来源,以此了解此讯息的可信性;(2)线民的信用力,即是否可信用之人。只有两者均符合,才能达到证明标准。

到或受到严重挫折，①才确认已达到了"合理的根据"的证明标准。英国《1984年警察与刑事证据法》第8条对搜查的"合理的根据"规定为：（a）一项严重可捕罪已经发生；并且（b）在申请书载明的场所内存在着可能对查清该犯罪具有重大意义的材料（不论该材料单独还是与其他材料一起发生这种作用）；并且（c）该材料可能成为相关的证据；并且（d）它不属于本条第三款所规定的任何要件。根据该条的规定，犯罪发生是启动搜查的先决要件，也是"合理的理由"的基础性构成要素。其次，搜查的对象处存在着与证明犯罪相关的"具有重大意义"的证据材料，而这种材料在搜查处存有可能性，这种可能性超出了不可能性，对于法官来说，搜查应当具有可接受性。此外，该法还规定了"合理的理由"的另外形式，该法的第三款是指：（a）与任何有权同意进入该地的人进行协商是不现实的；（b）尽管与有权同意进入该地人进行协商是可能的，但是与有权同意接触证据的人进行协商是不现实的；（c）除非令状得到发布，否则进入场所将不被许可；（d）除非到达该场所的警察立即进入搜查，否则搜查目的的实现可能遇到阻却或受到严重损害。英国警察将有关权利人的同意作为一般要件，这种搜查理由属于"障碍性理由"，作为法律规定的"合理的理由"的例外，通过被搜查的相关的人不允许或拒绝来确认搜查的"合理的

---

① 特雷西.艾琳.刑事法庭程序之三：审判前的侦查及其程序[C]//中英刑事诉讼研讨会论文集.北京：法律出版社，2000.124-125.

理由",使搜查理由的证明标准更具有实际的可操作性,使程序意义的"最紧迫的理由"更富有可预知性。

英国搜查"合理的根据"由法官根据申请人提供的材料判断,而不是由执行搜查的人判断。对于搜查的根据,"不能只让税务官员成为决定是否有合理根据相信的人。基于怀疑某人犯罪要搜查其住宅、要扣留其财产,一定要按照法律的正当程序行事。而法律的正当程序就要求必须有一张有效的搜查证具体指出怀疑某人所犯罪行。"①英国合理根据怀疑可以基于可靠的情报或信息,该情报或信息表明特定的群体或团伙的成员或他们的同伙习惯性地携带非法的刀具或武器或持有毒品。"合理的根据怀疑"绝对不能建立在只有个人的因素而没有情报和信息的基础上。"合理的根据怀疑"也不能基于某人或某群体更可能犯罪这种僵化的观点做出。

英国《警察和刑事证据法》第 1 条规定,对搜查人身或车辆或在车辆上或车辆内的任何物品,除非警察有合理的根据提出"怀疑";对"处于用作住宅的花园或院子里或用作住宅的其他地方,则警察不可行使本条授予的权力来搜查他,除非该警察有合理的根据相信。"英国对不同情况的搜查用不同的标准:对搜查人身或车辆采用了"合理的根据怀疑",对住宅采用了"合理的根据相信"。1984 年《警察与刑事证据法执行守则》在总则对合理怀疑

---

① 丹宁勋爵.法律的正当程序[M].北京:法律出版社,1999:132-133.

根据界定为"一个合理怀疑根据是否存在取决于每一个案件的具体情况,但是必须有客观的基础,警官需要在考虑其他因素诸如时间、地点以及有关人员或相随人员的行为的背景下,考虑被怀疑携带的物品的性质"。"怀疑"与"相信"是对搜查理由规定的不同程度的证明标准,"相信"比"怀疑"证明标准高。一般来说,英国决定搜查标准高低的因素不在于怀疑的程度或相信的程度,而在于搜查的地点。

(三)法 国

在法国刑事诉讼程序中,刑事搜查制度方面的相关规定较为粗疏。根据《法国刑事诉讼法》第 94 条、第 95 条的规定,侦查人员的搜查可以在任何可能存有某些如发现将有利于查明案件事实真相的物品的场所进行。如果犯罪嫌疑人的犯罪性质属于可以通过扣押被认为可能参与犯罪的人员所持有的证件或其他物品,或者扣押与所追诉之罪行有关的文书及其物品而能够获得证据时,侦查人员应当立即前往其住所进行搜查,并且制作搜查笔录。如果搜查行为的实施是在被搜查人的住所内进行时,预审法官应当遵守第 57 条和第 59 条的规定。这就是说,在法国司法警察、检察官、预审法官在侦查过程中有权对可能藏有犯罪证据的场所进行搜查。侦查人员应当扣押有利于查明案件事实真相的一切物品,不论这些物品是在犯罪现场被发现,还是通过搜查而查获,均在扣押的范围之内。①

　　法国的搜查一般由预审法官做出,认为凡是可能发现有利于查明事实真相之物件的地点均可进行搜查,②但在不同的诉讼阶段有不同的要求。在初步侦查阶段,搜查人身、住所须经被搜查人同意。在现行犯罪侦查阶段,司法警察官根据犯罪的性质有权对可能参与犯罪或持有犯罪证据的人或住所进行搜查;司法官有权对律师办公室或住所和医师、公证人、诉讼代理人或执达员的办公室或新闻或音像通信部门的所在地进行搜查。在正式侦查阶段(预审阶段),预审法官有权对可能发现有利于查明事实真相之物件的地点进行搜查,并可以委托司法警察官或其他法官进行搜查。

　　法国的搜查在不同的阶段采用不同的理由,但在浓厚的职权主义色彩笼罩下,法官或司法警察官依职权自由判断,并根据官员职权的大小来分配搜查的理由,而不考虑搜查的对象。搜查基本上属于任意性的,属于目的决定手段。搜查几乎无须理由。

(四)德国

　　在德国刑事诉讼程序中,侦查人员对犯罪嫌疑人采取搜查措

---

　　①　卡斯东·斯特法尼.法国刑事诉讼法精义[M].罗结珍,译.北京:中国政法大学出版社,1999:344.
　　②　参见法国《刑事诉讼法》第 94 条.

施时,必须向侦查法官提供特定的证据并达到法律规定的证明标准。由于《德国刑事诉讼法》有关刑事搜查制度的相关规定较为详尽,根据法典及其他单行法规的规定,主要包括以下几个方面。

1. 搜查的对象和理由

根据《德国刑事诉讼法》的规定,按照被搜查主体不同,搜查的对象可以分为在犯罪嫌疑人处的搜查和在第三人处的搜查两大类。对于搜查理由则采取双重标准:为了发现犯罪嫌疑人的犯罪嫌疑或收集犯罪证据时,侦查人员可以搜查其人身、住宅、办公场所及其相关物品;侦查人员对犯罪嫌疑人以外的第三人的住所进行搜查的前提,应当是根据现有事实能够推断在其住宅内将会找到与犯罪行为相关的人员、线索或物品。

2. 搜查令状的相关规定

依据《德国刑事诉讼法》第 102 条、第 103 条的规定,侦查人员只要认为搜查犯罪嫌疑人能够发现相关犯罪证据时,该搜查就可以随时进行;为了逮捕犯罪嫌疑人,侦查人员可以搜查相关人员的住宅和财产。这些规定意味着相当模糊的怀疑也可以成为侦查人员进行搜查的充足理由。因此,如果有事实表明侦查人员可以在第三人处找到犯罪嫌疑人、犯罪痕迹或者需要扣押的特定物品时,那么对第三人也可以进行搜查。由于搜查涉及公民的隐私权和财产权等宪法权利,因此按照《德国刑事诉讼法》的规定,侦查人员的搜查行为应当根据侦查法官签发的搜查令状而实施。搜查令状应当以书面形式做出,并且注明搜查的地点以及希望找到的物品。但在司法实践中,侦查人员所实施的绝大多数的搜查行为则是在事先并未得到搜查令状的情况下进行的,因为侦查人员在紧急情形下具有自行搜查和自行命令其他警察进行搜查的权力。根据德国学者托马斯·魏根特教授的调查统计,在德国目前的司法实践中,只有 10％的搜查具有侦查法官签发的搜查令状。①

3. 搜查的实施标准

在德国刑事诉讼程序中,侦查人员在进行搜查时应当满足以下证明标准:①侦查人员根据现有事实能够推断对特定住宅、财产享有所有权或使用权的主体具有犯罪嫌疑时,该住宅、财产将成为被搜查的客体;②侦查人员根据现有事实能够推断在第三人处将可以找到犯罪嫌疑人或其犯罪的物品与痕迹;③侦查人员在搜查令状的申请中必须注明拟搜查的地点和可能找到的物品。同时,根据《德国刑事诉讼法》第 111(b)条、第 111(c)条的规定,犯罪物品可以作为证据以及没收或充公的标的物被采取扣押或保全措施;根据《德国刑事诉讼法》第 94 条第一款的规定,在侦查过程中,如果某件物品需要作为犯罪证据时,检察官或侦查人员有义务扣押该物品。

---

① 托马斯·魏根特.德国刑事诉讼程序[M].岳礼玲,温小洁,译.北京:中国政法大学出版社,2004:112.

4.搜查的批准与执行

根据《德国刑事诉讼法》及其相关规定,依据不同的案件情形,搜查分别由不同的主体决定。具体规定如下:①搜查通常应当由侦查法官决定,由侦查人员执行;②根据特定案件情形,当延误就会发生犯罪嫌疑人逃匿或者证据灭失的危险时,可以允许由检察院及其辅助官员决定,由侦查人员执行;③如果根据案件特定情形需要在联邦国防军的办公楼房或者不对外开放的军事设施、设备站点进行搜查时,应当请求联邦国防军的上级军事指挥部门进行搜查。

5.搜查行为的实践规制

《德国刑事诉讼法》对搜查行为的规制比较严格。主要表现在:①搜查时间的限制。根据《德国刑事诉讼法》第104条规定,只有在追捕现行犯或者捉拿潜逃的囚犯或者其他紧急情况下才能对住所、办公场所和有圈围的产业进行夜间搜查。但是对在夜间任何人都可以出入的房间或者是有犯罪前科人员的投宿聚集点、犯罪赃物贮藏室、秘密赌场、麻醉品与武器非法交易所以及秘密卖淫地点的房间例外。②相关人员的在场见证。侦查人员在搜查住所、办公场所和有圈围的产业时,如果侦查法官、检察官均不在场,应当尽可能邀请当地一名市镇官员或者两名中立的市镇公民在场;对于第三人的住所或其他场所进行搜查,除可以在夜间搜查的场所外,应当向在场的房屋所有权人或其他见证人告知搜查的目的;如果根据案件特定情形需要在联邦国防军的办公楼房或者军事设施、设备站点进行搜查时，侦查人员应当请求联邦国防军的上级军事指挥部门进行搜查，侦查人员有权参与搜查。③搜查完毕后的特定要求。侦查人员搜查完毕后应当向当事人做出包含搜查理由的书面通知，同时，搜查完毕并附随具有扣押物品的情形时，侦查人员应当向当事人出具一份提取保管以及扣押物品清单；搜查完毕如果没有发现可疑物品时，也应当对该结果出具证明。

6.违法搜查的证据效力

在德国刑事证据法律体系中，随着司法实践的发展逐步衍生出了"证据使用禁止"的理论。根据"权衡原则"，法律明确规定禁止使用通过非法方式获取的言词证据，而对于侦查人员通过非法搜查方式所获取的实物证据，则由法官进行利益权衡以决定是否禁止使用该证据。

（五）俄罗斯

俄罗斯宪法第 55 条规定："没有合法理由，任何人都无权违背住户的意见进入住宅。"2001 年前的《刑事诉讼法》明确了搜查的理由，该法第 168 条在"实行搜查的理由"项下规定，"侦查员在具有相当根据可以推定现在某处房舍或其他处所，或在某人手中存在犯罪工具、犯罪所得的物品和贵重品，以及对于案件可能具有意义的其他物品或文件时，应立即实行搜查，以便发现和加以收取。"①对于搜查的理由规定为,"具有相当根据",但其证明由侦查员决定,没有规定法院的司法审查。修改后的新《刑事诉讼法》在法院的权限中规定,"只有法院,包括在审前程序中,才有权做出以下决定:……(5)在住宅里进行搜查和(或)提取;(6)进行人身搜查,但本法典第93条规定的情形除外……"。在"诉讼强制措施"一章中,规定了"对犯罪嫌疑人的人身搜查"由侦查员决定;在"审前调查"一编中,对人身搜查(仅规定犯罪嫌疑人和刑事被告人)和住房的搜查,侦查员经检察长同意向法院提出进行搜查行为的申请,法院对此应做出决定。对拘捕或羁押的附属搜查可由侦查员自行决定。同时,在第182条"进行搜查的根据和程序"中予以规定,"进行搜查的根据是足够的材料认为在某一地点或某个人处可能存有犯罪工具,对刑事案件有意义的物品、文件和贵重的物品"。② 并在拘捕或羁押的附属搜查中将搜查的理由规定为"足够的理由"。综观俄罗斯《刑事诉讼法》规定的搜查,在确立搜查的司法审查的"令状主义"外,无论是有证搜查,还是紧急情况下的无证附带搜查,均规定了搜查的理由并有相应证明标准,即"足够的材料"或"足够的理由"。但在搜查理由及证明标准的规定上,因不同的诉讼阶段而证明标准不同,对犯罪嫌疑人与

---

①　苏方道,等,译.俄罗斯联邦刑事诉讼法典[Z].北京:中国政法大学出版社,1999:103.

②　黄道秀,译.俄罗斯联邦刑事诉讼法典[Z].北京:中国政法大学出版社,2003:142.

被告人在搜查中实行差别待遇,犯罪嫌疑人的搜查理由的证明标准明显低于被告人。

(六)日本

日本宪法第 35 条规定,任何人,其住所、文件及所有物不受搜查及没收之权利,除第 33 条规定的场所外。[①] 日本对于犯罪嫌疑人的搜查采用认为"有必要";对于其他人采用"足以认为有应予扣押的物品存在的情形"。

日本的搜查由"法院许可",并由其签发指明搜查的场所及没收物件的令状。根据日本《犯罪搜查法》第 137 条和《刑事诉讼规则》第 155 条、第 156 条的规定,侦查机关在申请搜查令时除书面申请外,应附带证据资料。法官审查:(1)是否存在犯罪;(2)需要搜查的证据存在的可能性。由此可以推断出,日本的搜查理由一般为"可能性";证明的标准采用"足以",即存在的可能大于不存在的可能,低于"合理怀疑"。

---

① 日本宪法第 33 条规定,任何人,除作为现行犯而被逮捕的场合外,如无具有此项权限的司法官署所签发并指明犯罪理由的令状,不得逮捕.

（七）中国香港

中国香港地区的搜查分为对人的搜查和进入房屋的搜查。对此，各自又分为普通法上的搜查和成文法上的搜查。普通法上的搜查主要指对某人逮捕后的搜查。其搜查理由为"有合理的理由相信他身边有任何用来伤害自己或他人，或用来逃跑的武器，或者有任何证明他之所以被逮捕的罪行的证据材料"。成文法上的搜查主要指警察行使截停权和询问权之后对被截停人或被询问人的搜查。"除非给出搜查的原因，或者被搜查者同意，或者当时的情况给出原因不必要或不切实际，否则搜查是不合法的。①对上述搜查的分类进行分析，前者属于附带搜查，搜查理由被屏蔽在逮捕的理由之中，由于逮捕的合法而搜查无须法官授权，搜查的理由依附于逮捕，理由的研究意义不大；而后一种属于一般搜查，这种搜查应当符合"截停和搜查"的实质要件和程序性规定，并实行法官搜查手令制度。

对于进入房屋的搜查，《警察一般规则》指出："如果警察没有被合法授权，或者没有得到房屋所有者或居住者同意的话，则该警察不能进入任何房屋进行搜查。"对于犯罪嫌疑人的搜查应当"有合理根据"。警察在没有手令的情况下，"必须有理由相信"有

---

① 赵秉志.香港刑事诉讼程序法[M].北京:北京大学出版社,1996:47.

合理的理由。法官"只有在有合理的根据和构成犯罪的证据时，才能搜查并扣留物品"①。香港地区对特定人的告发引起拘捕令、特定犯罪案件申请的搜查，采用了"有理由相信"的实质要件：一是对告发人、被害人等通过宣示而有理由相信（这种相信仅为自由心证，与搜查法定要件存有差异）；二是根据香港《偷盗罪条例》，裁判司根据宣誓告诉，"有适当理由"相信任何人持有、保管或在屋内存有犯本条例规定公诉罪或简易程序治罪罪行的财产的，可签发手令。这体现了搜查实体要件，证明标准由裁判司自由判断。

（八）中国澳门

中国澳门地区将搜查作为获得证据的方法，并列为"搜查"与"搜索"，搜查对有迹象显示隐藏任何犯罪有关或可作为证据的物品的人身上进行搜寻、查找。其对象为"人身"，亦称为"搜身"。而"搜索"是对有迹象显示隐藏任何与犯罪有关或可作为证据的物品的地方进行搜寻、查找，针对特定地方或场所。

澳门《刑事诉讼法》对搜查与搜索规定程序要件为司法当局批示许可或命令进行，并未规定批示许可或命令的实质性要件。它规定了三种方式：（1）司法当局批示许可或命令的令状主义；

---

① 赵秉志.香港刑事诉讼程序法[M].北京：北京大学出版社，1996：25.

(2)特别情况下,无令状的理由主义,一种情况是有理由相信延迟进行可能对具有重大价值的法益构成严重威胁,另一种情况是被搜查的人或被搜索地方的实际支配人同意;(3)对有人居住的房屋或其封闭的附属部分的搜查,除由法官命令或许可进行,且除非得到搜索所针对的人的同意,不得日出之前、亦不得在日落以后进行。

澳门地区的《刑事诉讼法》将搜查与搜索分离具有一定的合理性,但实践中警察在紧急情况下往往顾"重大法益"而弃"严格程序"和"有理由相信"的实质要件。法官自行命令进行却无任何规范约束,违反了法官消极、中立的角色地位,"令状"不免有些武断。同时,"有理由相信"仅为采取"搜查"措施的警察判断,亦显示出刑事诉讼法授权"过分宽容"。因为"有理由相信"仅表现为法定紧急的情况:(1)涉嫌人即将逃走;(2)有依据相信涉嫌人身上或某地方藏有与犯罪有关而且可用作证据的物品。[①] "紧急情况"的"有依据"难以在公众场合"尊重个人的尊严和羞耻心"。[②]

(九)中国台湾

中国台湾地区对干预人民基本权利采用了"法律保留原则"

---

① 周士敏.澳门刑事诉讼制度论[M].北京:国家行政学院出版社,2001:130.
② 徐京辉,程立福.澳门刑事诉讼法[M].澳门:澳门基金会,1999:112.

和"比例原则"。2003 年 2 月修改前的"刑事诉讼法"（以下称旧刑事诉讼法）对搜查（搜索）的理由分层次进行了门槛设计。旧法第 122 条规定：（1）对于被告人或犯罪嫌疑人之身体、物件、电磁纪录及住宅或其他处所，必要时得搜查之；（2）对于第三人之身体、物件、电磁纪录及住宅和其他处所，以有相当理由可信为被告人或犯罪嫌疑人或应扣押之物或电磁纪录存在时为限，得搜索之。台湾地区的学者对因搜查对象不同的两种待遇，提出质疑。"人民仅因在刑事诉讼程序中成为犯罪嫌疑人（有人告发或告诉）或遭起诉，虽然政府无相当理由，相信其家中或身体藏有应扣押之物存在时，政府竟仍得侵入其住宅翻箱倒匣，得对其身体搜查、摸索，只因为政府认为必要，此对人民隐私权、人格权为极端轻率、恣意的侵犯。"①

　　台湾地区由于 2000 年检察官行使紧急搜索权搜索国会及媒体，后来被认为属于过度行使，促使搜索的理由在 2002 年统一改为"相当理由"。"相当理由"一般为：（1）存在犯罪嫌疑之合理根据；（2）存在搜索票之合理根据；（3）存在搜索范围之合理根据。以上三者同时具备时，才符合搜索票签发的理由。

　　台湾学界一般认为，相当理由的证明标准为"达到过半心证（约 50％）即可"。法官核票达过半或 50％心证的理论基础在于，核票非属审判程序且非关本案实体犯罪事实，故应适用"自由证

---

① 王兆鹏.刑事诉讼讲义（一）[M].台湾:元照出版公司,2003:64.

明"法则。其结果,法官仅需"大致相信"或"相信超过不相信"(约过半)的心证即可核发搜索票。①

5.3.2 比较分析

在刑事诉讼中,对犯罪嫌疑人采取强制措施是世界各主要法治国家为了保证查明案件事实真相并准确追究犯罪而采用的必要手段。两大法系国家在关于刑事搜查措施的立法和司法实践中,普遍规定了追诉方在适用该措施时必须满足一定的证明标准。通过以上考察可以发现,各主要法治国家在适用搜查的证明标准方面具有以下共同之处。

第一,侦查机关进行搜查时必须有合理的根据或理由证明犯罪嫌疑人具有犯罪嫌疑,这是采取强制措施的实质要件。"合理的根据或理由"是治安法官或预审法官根据特定的人身、物品和痕迹等实物证据为基础,依据相关证据材料所做出的客观判断。

第二,案件应当具有采取搜查措施的充分性和必要性。在搜查证的签发程序中,有合理根据怀疑犯罪嫌疑人具有犯罪嫌疑,只是应当采取搜查措施的必要要件而已。只有当如果不采取搜查措施则犯罪证据将难以通过其他方式获取或者极有可能灭失

---

① 林钰雄.刑事诉讼法(上)[M].林钰雄自版,2003:348-349.

的情况下,侦查机关才能对犯罪嫌疑人、被告人的人身、住宅进行搜查。

第三,搜查措施的适用应当以令状为原则,无令状为例外。世界各主要法治国家均认为,搜查的适用不得侵犯或限制公民的人身权和财产权等基本权利。因此,对犯罪嫌疑人所进行的搜查行为应受到公正、中立的司法审查,由治安法官或预审法官事先审查适用该侦查措施的合理性和必要性。但在各国的司法实践中,由于多数刑事案件具有调查取证的紧迫性要求,侦查人员无令状而进行搜查的情形比较普遍,甚至无令状搜查要远高于有令状搜查的比例。两大法系国家的追诉方虽然在适用搜查措施时都必须满足一定的证明标准,但两者之间的差别依然存在,具体表现在以下几个方面。

其一,由于诉讼模式及诉讼目的的差异,两大法系国家适用搜查措施的立足点并不相同。大陆法系国家在具体适用强制措施时,由于受到"实体真实"诉讼原则的影响,为了查明案件事实真相,侦查人员在采取搜查措施时几乎都侧重于保障侦查取证的顺利进行,目的在于防止犯罪嫌疑人或被告人串供、干扰证人作证或者避免隐匿、毁灭、伪造证据等相关妨碍诉讼进行的行为发生,以达到控诉方决定提起公诉时所应当具备的较高证明标准。①

在英国,警察的搜查行为受到以下限制:(1)犯罪嫌疑人涉嫌的犯罪必须是严重的可捕罪。可捕罪是指最高刑罚在 5 年以上监禁刑的犯罪,如果犯罪嫌疑人不构成可捕罪,则不得进行搜查。(2)被搜查的相关证据材料必须是不受法律特权保护的材料。如果该材料涉及国家机密或重大商业秘密时,则不能成为搜查的对象。

在美国,对人身的搜查必须在逮捕的前提下实施,警察在紧急情况下有权对汽车或行李物品等动产进行无证搜查,但通常需要搜查令状才可以对住宅等不动产进行搜查。

在德国,当侦查人员认为对犯罪嫌疑人进行搜查能够发现证据时,该搜查就可以在任何时候进行;如果有事实或者证据表明可以在其他人员或其他处所找到犯罪嫌疑人、犯罪痕迹或者特定物品时,则对第三人也可以进行搜查,侦查人员对住宅的搜查亦无其他限制。

其二,基于两大法系国家诉讼目的观的差异,大陆法系国家强调保障侦查人员职权行使的顺畅性,对侦查权力行使的约束较少,侦查法官或预审法官对侦查权力的司法审查普遍为形式审查。搜查的适用目的通常着眼于有利于收集犯罪证据并控制犯

---

① 孙长永,黄维智,赖早兴.刑事证明责任制度研究[M].北京:中国法制出版社,2009:300.

罪嫌疑人。英美法系国家则注重从司法程序的运行层面规制侦查人员合法行使职权，并对侦查权力的运行设置了诸多过滤机制，治安法官对侦查行为的司法审查也比较严格。鉴于其独特的历史传统以及控诉方和辩护方诉讼力量差异的悬殊，英美法系国家将正当法律程序作为刑事诉讼的最高理念，并要求政府尊重并保障公民的人身自由权、财产权、隐私权等基本权利。

其三，在适用刑事搜查措施的具体证明标准方面，总体而言，大陆法系国家略低于英美法系国家。英美法系国家对搜查措施的证明标准可概括为：侦查人员在逮捕犯罪嫌疑人时可以无搜查令状的形式对其人身、物品及场所进行搜查，并有权实施被搜查人自愿同意的搜查以及其他特别情形之下的搜查；侦查人员通常实施搜查时需要持有侦查法官或预审法官签发的令状，并应当在搜查令状的申请中详细注明准备搜查的人身、地点、范围、物品等材料；另外，需要注意的是，侦查人员对住宅的搜查必须持有搜查令状才能进行。在大陆法系国家，侦查人员在搜查令状的申请中必须注明将要搜查的地点和可能找到的物品或痕迹。如果认为对犯罪嫌疑人进行搜查即可发现证据时，该搜查就可以在任何时间及任何可能存放有利于查明案件事实真相的人身、物品或痕迹的地方进行。侦查人员在逮捕犯罪嫌疑人时，可以通过连带方式无证搜查其住宅和财产。

6

基于马克思主义权利观的我国
刑事搜查启动要件的重构

在构建我国刑事搜查启动要件时,一个根本的缘起是对搜查权力的国家控制,一个最终的目的是对公民个人权利的国家保障。正如本文开篇所言,马克思主义权利观指导我们,为搜查设置启动要件是对搜查权恣意的有效控制。行文至此,在我国刑事搜查启动要件的重构中,马克思主义权利观则指引我们在重构中甄别资本主义的人权和社会主义人权的区别,在权利义务相一致基础上合理设定搜查启动要件的架构。

6.1　马克思主义的权利观

社会主义社会的权利内涵是由其根本性质决定的。由于这个社会尚不能以完全平等的形式为每个个体的自由发展提供充分的物质与文化条件,因此,这一阶段仍然需要以规定权利与义务的方式来规范个体之间以及个体与整体之间的利益关系。在这个意义上说,社会主义以权利方式所体现的自由,还是一种有限的自由。"这个平等的权利还仍然被限制在一个资产阶级的框框里。生产者的权利是和他们提供的劳动成比例的;平等就在于以同一的尺度——劳动——来计量。"①

与资产阶级的天赋人权观不同,马克思主义认为人的权利从来都是历史的、具体的,而不是天赋的、抽象的,它是由这个社会的物质和文化结构决定的。"权利永远不能超出社会的经济结构以及由经济结构所制约的社会的文化的发展"。② 但是,权利的这种相对性并不妨碍社会主义社会公民权利的普遍性和真实性。从暂时的、局部的角度来看,每个特定的个体在社会经济关系中可能存在一定的差别,并由此使得每个个体所真实享有的权利内容和程度有所不同。但是,当个人在其各自的社会位置上向社会贡献自己的力量时,即意味着他正在用自己的努力来缩小与他人之间的利益差距,从而为其自身的权利创造着进一步实现的基础。也正是在这种个人与个人、个人与社会根本利益一致的基础上,国家权力才能真正以社会整体利益代表的角色促进每个社会

---

① 马克思,恩格斯.马克思恩格斯全集:第9卷[M].北京:人民出版社,1973:21.
② 马克思,恩格斯.马克思恩格斯全集:第3卷[M].北京:人民出版社,1973:12.

成员的权利的实现。因此,在社会主义社会,个人权利与公共权力在本质上是一致的。只有在社会整体利益首先实现的基础上,个人的权利才能有实现的可能和可靠的保障。在权利的内涵方面,马克思主义权利观的进步意义,在于它以整体的自由代替了资产阶级个体的自由,以精神的自由超越了资产阶级感性的自由。马克思主义认为,"人的本质并不是单个人所固有的抽象物。在其现实性上,它是一切社会关系的总和。"①人性不是抽象的、一成不变的,而是具体的、随着社会的发展而不断变化的。从这个意义上说,人的自由也是多层次的、不断发展的。在资产阶级那里,人性则是固定的、单一的,其实质就是将经验获得的人的自然的一面抽象化和普遍化了。这种片面认识不仅造成了人类社会愈加广泛的社会冲突,而且在更严重的意义上造成了人类自由理想的逐渐失落。近代的功利主义就是将感性的人作为社会的基本单位和动力源泉,一切社会关系都被迫依照感性的功利原则展开和设计。在这里,自由被简化为"弱肉强食",价值则被贬低为"欲望的奴隶"。马克思主义权利观的超越性,在于它将自由理解为人类道德的完善和精神的解放,这既是人类自由的本质,也是人类自由发展的最高境界。马克思主义并不排斥感性的自由,相反,它认为感性的自由是人类实现自由理想的前提,但它不是人类自由理想的全部内容和最终目的。社会主义赋予个人权利

---

① 马克思,恩格斯.马克思恩格斯全集:第 1 卷[M].北京:人民出版社,1973:18.

的目的,就是在人类社会整体自由能力尚未达到"按需分配"的情况下,通过公共权力的强制手段规定公民个人的感性自由的范围和彼此之间的合理界限。以马克思主义的理想观之,这种自由无疑是暂时的。人们将在现有权利框架体系内,通过自己的努力不断提高征服自然和改造自然的能力,从而推动包括感性自由在内的人类自由水平的普遍提高。

可见,马克思主义权利观既肯定了感性自由的合理性,又提出了人类自由不断发展、最终实现道德完善和精神解放的超越性。马克思主义自由理想是社会整体自由与个体自由的辩证统一。人类自由理想的实现最终将归结为全体个体自由程度的普遍提高,而且这一过程是通过社会整体自由的发展而实现的。它首先表现在:社会整体对于自然界的自由能力的提高是每个个体获得感性自由解放的前提,任何个别的、非普遍的对于物质自由的占有关系最终都无助于社会整体自由理想的实现,而且它的过度发展还会危及个体间自由的普遍性。因此,人类通过社会整体实现对自然自由的方式而获得平等的物质自由,是人类摆脱一切自然的和社会的束缚的基本前提。离开了社会整体自由的发展,任何个体的自由都将成为一句空谈。在这种个体与整体相统一的关系中,每个个体对社会所做的贡献是社会整体自由能力的发展源泉;而社会整体自由的发展,又将为每一个体的自由发展提供坚实的基础。

在强调个体与整体利益的一致性基础上,马克思主义坚持权利义务并重的原则。资产阶级权利观单纯地强调个人的权利,认为社会只是个人实现权利的手段。这种权利与义务关系的理论实际上为极端个人主义的发展打开了方便之门。马克思主义主张权利与义务并重的原则,实际上包含两重含义。首先,马克思主义并非只注重个人奉献而忽视个人的权利。因为人的本质是特定的社会关系的总和,有什么样的社会经济结构,就有什么样的人。在社会主义阶段,个人对物质生活的追求是客观规律作用的必然结果,是这一阶段人的本质的主要表现,它构成了这一阶段人类社会发展的基本动力。所以,尊重个人的权利,实际上就是对个人的主观能动性的承认与激励。只有每个个体充分发挥自己的自由能力,社会整体自由的发展才能成为可能。其次,马克思主义在注重个人合理的权利要求的同时,更注重个人对社会的义务,这是马克思主义与资产阶级理论的根本区别之一。对义务的重视在本质上标志着马克思主义对人类的存在方式和个人自由实现途径的认识已经提升到一个更高的层次。与资产阶级的"原子式"的社会理解方式不同,马克思主义认为个人永远都是社会中的人,社会整体的存在是个人存在及其权利实现的根本方式。"只有在集体中,个人才能获得全面发展其才能的手段。也就是说,只有在集体中才可能有个人的自由。"①因此,马克思主义主张个人对社会尽义务的"集体主义"原则,这是社会得以存在

---

① 马克思,恩格斯.马克思恩格斯全集:第3卷[M].北京:人民出版社,1973:84.

并健康发展的基本前提。

6.2 刑事搜查启动要件重构的前提问题

刑事搜查启动要件的重构,离不开刑事搜查制度本身的完善。只有厘清刑事搜查和实践中无搜查之名行搜查之实的侦查行为的界限,确立完善的刑事搜查应有的种类,才能在此基础上构建科学合理的刑事搜查启动要件。

6.2.1 完善盘查制度,廓清搜查与盘查的界限

按照现代汉语词典的解释,盘查有仔细查问或清点之意。结合我国相关法律的规定,狭义的盘查是指,公安机关的人民警察在执行追捕逃犯、侦查案件、巡逻执勤、维护公共场所治安秩序、现场调查等职务活动中,对有违法犯罪嫌疑的人员进行仔细查问和检查的一项法定措施。广义的盘查,还包括具有中国特色的继续盘问措施。

盘查是各国法律赋予公安机关的一项常规职权,包括拦阻、盘问、核查身份、拍身检查等具体措施。作为一种日常警务活动,盘查对侦查破案、查缉犯罪人发挥着不可替代的重要作用。在我

国,盘查的对象包括违法嫌疑人和犯罪嫌疑人。当盘查对象为犯罪嫌疑人时,盘查就具有刑事查缉活动的性质。它通常包括两个环节:首先是查询嫌疑人员的身份、可疑行踪及涉嫌的犯罪事实,然后是对其人身及随身携带物品进行检视、检查。前者通常被称为盘问,后者为检查。在性质上,盘问介于询问与讯问之间,是一种准强制性的职权讯问活动;而后者具有人身搜查的特点,涉及对被盘问人隐私权、名誉权的限制。相应地,警察盘查会产生两类证据性资料:一类是盘查记录,实践中包括"当场盘问、检查笔录"和记载有盘查情况的"挡获经过(说明)"两种形式,它们从不同角度反映了警察盘查的过程;另一类是扣押记录,相关规定应以"暂存物品清单"的形式予以保全,而实践中通常直接采用"扣押物品清单"。与盘查记录不同,扣押记录是一种物证保全形式,反映的是盘查结果。

检查作为盘查的一种手段,为维护社会治安秩序,公安机关的人民警察对有违法犯罪嫌疑的人员,经出示相应证件,可以当场检查。搜查,是指侦查人员对犯罪嫌疑人以及可能隐藏罪犯或者犯罪证据的人的身体、物品、住处和其他有关的地方进行搜索检查的一种侦查活动。检查与搜查都可以由公安机关的人民警察实施,实施对象亦具有重合性。从外观来看,二者极具相似性,然而其实质不同。第一,法律依据不同。警察盘查之检查来源于《人民警察法》第 9 条之授权,亦即检查仅仅是警察盘查行为的一种手段。也就是说,检查在性质上属于盘查行为。搜查来源于

《刑事诉讼法》之授权，亦即搜查是刑事侦查的一种手段，在性质上属于刑事侦查行为。第二，目的不同。检查是为了检查当事人是否携带违法、违禁或危险物品，既保障实施盘查行为的人民警察的人身安全，也保障社会治安秩序的稳定。搜查是为了收集犯罪证据、查获犯罪人，使有犯罪行为的人受到刑罚的制裁。第三，实施主体不同。盘查之检查由公安机关人民警察实施，而搜查由侦查人员实施。我国的侦查人员不仅包括公安机关的人民警察，还包括其他享有侦查权的国家机关的工作人员。第四，实施的范围不同。盘查之检查是针对"有违法犯罪嫌疑的人员"所进行的，具体的检查范围包括证件检查、物品检查、车辆检查和人身检查，不包括住所检查；而搜查则是针对犯罪嫌疑人以及可能隐藏罪犯或者犯罪证据的人所进行的，搜查的范围通常局限于搜查证所记载的范围，其中可以包括身体、物品、住处和其他有关地方的搜查。第五，人身强制程度不同。盘查之检查对被检查人的人身限制程度相对比较低，它强调更多的是相对人的配合，对人身的检查也是以表面性的拍打为主。而搜查则对人身限制强度较高。在特殊情况下，在对犯罪嫌疑人执行拘留、逮捕的同时进行搜查，而且可以让嫌疑人员除去外衣等方式进行搜查，这里更多地体现警察的主动性和能动性。第六，法律手续不同。警察实施盘查之检查行为在任何时候都不需要检查证；而侦查人员进行搜查时，必须向被搜查人出示搜查证。在执行逮捕、拘留的时候，遇有紧急情况，不另用搜查证也可以进行搜查，这种情况当属特定情况下的特别规定。此外,在搜查的时候,应当有被搜查人或者他的家属、邻居或者其他见证人在场。搜查的情况应当写成笔录,由侦查人员和被搜查人或者他的家属、邻居或者其他见证人签名或者盖章。如果被搜查人或者他的家属在逃或者拒绝签名、盖章,应当在笔录上注明。

如前文所述,实践中公安机关大都以盘查的名义进行了实质意义的搜查,这是明显违背法理亦没有权限的。只有廓清搜查与盘查的界限,才能给搜查以合法的空间,然后才能予以合理的建构。因此,应在立法上明确盘查的行政意义和搜查的刑事意义,从而在技术上厘清二者界限,"各在其位,各谋其政",这样才能树立国家权威,保障公民权益。

廓清搜查与盘查的界限,去除盘查对搜查的肆意侵占,必须划定盘查的范围和规则,也就是盘查法治化,给搜查以应有的法治空间。

(一)建立"有合理怀疑"的盘查标准

要实现盘查的法治化,首先要为警察行使盘查权设置一个合理的标准,使其回到打击违法犯罪和保护人民合法权益的平衡轨道上来。《人民警察法》设定的盘查标准是"有违法犯罪嫌疑"。因此我们必须正确理解和把握"有违法犯罪嫌疑"这一判断标准。诚然,"有违法犯罪嫌疑"是一个带有主观性判断的标准,但这并不表明这一判断标准是随心所欲、可有可无的。有一点是明确的,有违法犯罪嫌疑必须是建立在一定的客观判断基础之上的。当然这通常要凭借警察的个人经验和当时的特定情况。在美国,经典刑诉案例之特里诉俄亥俄州一案中,联邦最高法院认为警察对某一个人的盘查应具有"合理怀疑"。何谓"合理怀疑"? 联邦最高法院指出,必须是警察根据当时的事实依据其执法经验做出合理推论或推理,形成"合理怀疑"。① 在我国台湾地区,为了使民众更好地应对警察执法,保护民众的合法权利,大法官释字535 号解释对警察盘查做了明确限定:警察必须要有合理怀疑有犯罪嫌疑或有犯罪之虞,可在警察首长同意后,在指定地点、路段拦停行人、车、船等交通工具。日本《警察执行职务法》规定,警察根据异常的举动及周围其他情况进行合理判断,对于有合理充分理由足以怀疑可能犯有或将要犯有某种罪行的人,可以拦阻询问。② 由此可以看出,盘查的判断标准是警察认为有犯罪的合理怀疑。当然这种怀疑是根据警察的经验和当时的具体情况来确定的,这种合理怀疑的程度要低于拘留或逮捕的程度。其实《人民警察法》所设定的"有违法犯罪嫌疑"也相当于这一标准,问题是在实践中我们的警察已经完全遗忘了这一标准,凡是纳入警察视野的人都有可能被盘查。我们现在的盘查已成为一种无特定

---

① 博西格诺.法律之门[M].邓子滨,译.北京:华夏出版社,2002:289.
② 田口守一.刑事诉讼法[M].刘迪,译.北京:法律出版社,2000:41.

目标(无怀疑目标)的盘查。这种无怀疑目标的盘查被马歇尔大法官在佛罗里达州诉布斯迪克案的反对意见中称为"拉大网式"的大检查。① 在布朗诉德克萨斯州案中,最高法院伯格大法官认为,在某些情况下,尽管警察没有传统的逮捕所要求的"可能理由"相信嫌疑人涉及犯罪行为,但一名警察仍然可以短暂扣留盘问一个嫌疑人。然而,我们要求警察有基于客观事实的合理怀疑,相信某人涉嫌犯罪。② 在这一案件中,正是由于警察没有任何支持"看起来可疑"的事实,对被告人的定罪被推翻。因此,这种判断是否有违法犯罪嫌疑的标准并不是无根据的怀疑,而是有一定客观事实支持的怀疑。当警察毫无根据地随意盘查时,警察专断和滥用权力的做法就会超过可容忍的程度。

(二)完善盘查的程序

我国的法文化传统中向来缺少程序法传统,而程序正是法治和恣意人治的分水岭。现代法治发达国家对行政权的控制正是通过理性的程序规制来实现的,在通过理性的程序限制国家行政权力恣意扩张的同时,实现了对人民合法权利的保障。我们应该看到,对人民权利的尊重和保障是一个国家民主进步、法治健全

---

① 博西格诺.法律之门[M].邓子滨,译.北京:华夏出版社,2002:299.
② 博西格诺.法律之门[M].邓子滨,译.北京:华夏出版社,2002:293.

的标志。我国《宪法》明确规定国家要尊重和保障人权,实行依法治国,建立社会主义法治国家。而建设法治国家的关键是依法行政,依法行政的核心是依理性程序行政。正是行政程序成为联结行政和法治的桥梁与纽带,它是行政法治的枢纽。理性的程序要求我们在对某一社会成员做出不利决定时应尽可能地慎重,使任何一项对其不利的决定既具有合理性、必要性,又向他进行了充分的论证,从而使他确信决定的合理性和公正性。① 因此,对警察盘查这种权力应该谨慎地赋予,即通过理性的程序来规制和防止盘查的异化。我国台湾地区"警察职权行使法"规定,警察行使职权应着制服或出示证件表明身份,并应告知事由。未依规定者,人民有拒绝的权利。现代行政权行使的一个基本理念,即是行政权应是理性程序内的行政权。无程序的约束必然导致行政权的扩张与滥用。实践中正是由于缺乏对盘查的程序规制,盘查才被随意使用。因此,《人民警察法》应当增加规定盘查过程中要遵守的程序:表明身份、说明理由、给予相对人陈述和辩解的机会和告知申请救济的途径等。

　　盘查程序中最重要的是为被盘查人提供充分有效的救济途径。当人民的合法权益遭到侵害时,为其提供充分的救济途径是法治社会的一个根本体现和要求。无救济,权利必将形同虚设。而请求司法救济是一个法治社会恢复被破坏的正义最有效亦是

---

① 陈瑞华.刑事审判原理[M].北京:北京大学出版社,2003:68.

最后的手段。因此,如果人们遭到了违法盘查而损害了自己的合法权益,就可以申请司法救济,通过提起行政诉讼来救济自己的权益。因此,《人民警察法》和《行政诉讼法》应当明确规定,当警察进行违法盘查而对人们的合法权益造成侵害时,人们有权利寻求司法救济,提起行政诉讼。

(三)确立以任意性为主的盘查原则

前面谈到,学界普遍认为盘查是行政强制措施的一种。但笔者认为,在市场经济条件下,在政府职能转变的今天,行政权具有强制性的观点是值得商榷的。在笔者看来,至少盘查不应以强制性为原则。盘查所要求达到的标准"有违法犯罪嫌疑",这种嫌疑的程度仅仅是警察根据现场的情形进行的客观判断,用英美法系中的标准来说是"有合理怀疑",还达不到行政或刑事强制措施的标准。如果把盘查视为强制措施,那就人为地降低了强制措施适用的标准,必将对公民权利的保障产生危害。从另一个角度说,盘查是在刑事立案前使用的发现犯罪的一种措施,既然是在立案前使用就应该以任意性为原则。

美国在特里诉俄亥俄州案中所确立的"暂留与拍身"规则认为暂留应是调查性的,问话的范围和时间是有限制的,范围只限于姓名、住址、从哪里来到哪里去。拍身是为了防止调查对象身上藏有武器而对警察造成伤害,因此警察必须有理由相信对方身上有武器,如上衣口袋鼓起。警察一开始只能在衣服外面拍,只有拍到像是武器的东西时,才能把手伸到衣服里面去。因此一开始就把手伸到口袋里就是非法的,违反了《美国联邦宪法》第四修正案关于非法搜查的禁止规定。① 在这一案件中,怀特(White)大法官指出,虽然警察得询问题,但被暂留人无回答之义务,警察不得强迫其回答,拒绝回答不得成为逮捕之基础。警察在实施暂留时,只能在现场对人们进行相关的调查活动,不得以强制力将人移送他处,否则即构成逮捕。② 我国台湾地区的"警察职权行使法"也规定,警察仅能就查证人们身份采取必要措施,包括询问其姓名、出生年月日、出生地、国籍、住(居)所及身份证统一编号等。我们应该相信,每一个人都是理性的主体,在盘查中应该尽量地保持理性的对话,而不能蛮横地强迫。通过理性的说服,人们是会配合盘查的。否则,盘查就可能逾越它的界限而成为一种强制措施,从而成为人们合法权益的一种潜在威胁。因此,在我们的实践中要以盘查的任意性调查、说服为原则。具体来说,在对有违法犯罪嫌疑人进行盘查时,应说服其停止前行,然后告知其盘查的理由,并要求其出示身份证明,询问其从哪里来到哪里去,并观察其举动、表情和所携带物品。当然这更多地需要警察有丰富的盘查技巧和判断能力。但是不管怎样,在询问过程中应

---

① 李义冠.美国刑事审判制度[M].北京:法律出版社,1999:35-36.
② 王兆鹏.美国刑事诉讼法[M].北京:北京大学出版社,2005:261.

保持理性的对话,不能对盘查对象进行精神上的威胁,更不能使用武力。虽然盘查以任意性为原则,但应允许进行附带性拍身。在盘查过程中,通过对被盘查人的外表或携带物品外表的观察,认为被盘查人可能携带有武器时,可以进行拍身。这样做的主要目的是及时解除被盘查人携带的武器,防止警察和其他民众的人身财产安全受到损害。在怀疑被盘查人携带有武器以外的违禁物品时,应说服其出示或打开,如其拒绝出示或打开可以进行拍身。盘查持续的时间长度应严格限定,《人民警察法》中的继续盘问即留置措施应废除,因为长达 48 小时的留置实与刑事拘留无异。

6.2.2　规范"起赃"行为,确立同意搜查制度

前面已经提到,即使在符合有证搜查要求的情况下,侦查人员通常也会直接选择"起赃"来规避搜查,这一现象值得我们关注。"起赃"有三个明显的特点:一是有犯罪嫌疑人的明确指认;二是往往有犯罪嫌疑人的陪同,实际操作中,通常是由嫌疑人现场指认赃物所在,并见证侦查人员的起获活动,最终还需在提取笔录或扣押清单上签字;三是不办理搜查手续。这表明,"起赃"行动实际上建立在犯罪嫌疑人相当程度的同意和配合基础之上,并非纯粹的强制性侦查措施。因此,其"既具有一定的现实必要

性(合理根据),也具有实质上的正当性(犯罪嫌疑人同意)"①。然而,这种在实践中运用极广的侦查手段却缺乏正式的法律地位。实际上,"起赃"的特征完全符合西方国家"同意搜查"制度的要求,是一种实质上的"同意搜查"。因此,从完善诉讼法的角度出发,笔者认为我国应当在总结实践经验、借鉴相关国家制度的基础上,增设同意搜查机制,从法律层面上认可起赃及类似行为的正当性,并加以规范。

同意搜查是无证搜查中的一种,是指刑事诉讼中侦查机关在征得相对人(包括犯罪嫌疑人以及相关第三人)同意的前提下,对其人身、物品及私人空间所进行的搜查行为,目的在于获取与犯罪有关的证据。域外各个法治国家对同意搜查制度均在立法上予以了确定。《美国联邦宪法》第四修正案条款虽保障人民有免受不合理搜索、扣押之权利,唯此项权利,亦如同其他宪法上权利一样,并非不得抛弃。② 德国法规定在留置的情况下,可以经相对人同意后搜查其人身和所携带的物品。我国的搜查主要是有证搜查,在无证搜查方面的规定仅限于紧急搜查,对同意搜查制度则未予以确立。本文对同意搜查制度的必要性、可行性进行了论证,并对其进行制度设计。

---

① 周洪波,潘利平.无证搜查:立法与实践的背离及其完善[J].西南民族大学学报(人文社科版),2008(8).

② Stonerv. California,376U. S. 483(1964),转引自:林辉煌.论证据排除——美国法之理论与实务[M].北京:北京大学出版社,2006:16.

（一）同意搜查制度在我国确立的必要性和可行性

1. 同意搜查制度在我国确立的必要性

首先，是执法实践的需要。南京《现代快报》2005 年 4 月 17 日曾报道这样一起案件：一名乘客在公交车上手机被盗，遂报警叫来警察，要求警察搜查车上每个乘客，而车上乘客除一人外也都愿意配合搜查；但民警却无奈地表示，由于失主不能具体地指出嫌疑对象，按照法律规定，他们不能把每个乘客都当成嫌疑人，因此即使乘客愿意，他们也不能执行搜查。最终，这起失窃案不了了之。这个例子充分说明了同意搜查制度的缺失，严重影响了侦查效率。① 实践中大量存在类似于上述例子的同意搜查的情形。由于我国法律上并未对同意搜查制度予以确立，所以侦查人员在当事人同意搜查的情形下也不敢贸然行动，进而影响案件的侦查；如果侦查人员"顺应民意"进行搜查，那么这种搜查虽合理却不合法。

其次，是完善我国搜查制度的需要。法律制度的完善性是衡量一个国家法治水平的标准之一。纵观域外各个法治国家，不论英美法系还是大陆法系的国家，均在有证搜查的基础上对同意搜

---

① 顾元森.一车乘客竟甘愿接受失主检查[N].现代快报，2005-4-17.转引自：皇甫少华，马凌.浅论同意搜查制度[J].人民检察，2005(8).

查等无证搜查制度予以了确定。虽然我国有我们的国情,但是这并不能否认刑事诉讼中所具有的一些超越国界、超越国情的经验、理念的存在。同意搜查制度作为无证搜查制度的一个重要组成部分,对其予以立法上的确立无疑对我国的搜查制度完善具有重要意义。

最后,满足公民意愿的需要。一般认为搜查所侵犯的是公民的人身自由权、住宅隐私权等宪法性权利。各国对搜查进行严格限制的原因,也就是担心搜查权的任意行使会对公民的私人权利造成巨大的损害。正如《美国联邦宪法》第四修正案条款所言,第四修正案虽然是用来保障人民免受不合理搜索、扣押的权利,但是这项权利不是不可以抛弃的。可抛弃是权利区别于权力的一个重要特征,公民既然拥有该项权利,那么在不影响他人行使权利的同时,他也可以自由地将其权利予以放弃,他甚至可以决定放弃的时间、地点、对象等等,这些都是他的自由,而这种自由是由权利的属性所决定的。所以同意搜查制度的建立是对公民权利的尊重,是让公民行使完整的权利。各国对搜查予以限制的出发点是防止公民的权利受到侦查人员任意的侵犯,有证搜查制度的确立其出发点是好的,但是对同意搜查制度的否认,则是对公民权利的另一种侵犯。

2.同意搜查制度在我国建立的可行性

一方面,我国公民的法律意识及素质的提高,为同意搜查制度的建立提供了基础。同意搜查制度适用的前提要件是被搜查人的同意,被搜查人同意的前提是他能够理解什么是搜查、搜查会带来什么后果等内容。被搜查人要理解上述内容都是与其法律意思及法律方面的涵养分不开的。我国经过十几年的普法活动,公民法律意识及法律知识方面的涵养得到了较大的提高,这为同意搜查制度的实施提供了前提性的要件。

另一方面,同意搜查制度与宪法并不违背。我国《宪法》第37条规定,公民的人身自由不受侵犯。禁止非法拘禁和以其他方法非法剥夺或者限制公民的人身自由,禁止非法搜查公民的身体。第39条规定,公民的住宅不受侵犯。禁止非法搜查或者非法侵入公民的住宅。公民的基本权利和义务中规定,公民的人身自由、住宅不受侵犯,禁止进行非法搜查。我国对公民的人身权等权利予以了规定。既然是权利,公民就有放弃的权利。宪法的规定为同意搜查制度的构建提供了基础。

(二)我国同意搜查制度构建的设想

1.做出同意搜查的意思表示的主体

第一,对于人身的搜查。在搜查的对象是人身的时候,同意搜查的意思表示的主体,主要是以年龄和智力情况进行划分。[①]

---

① 这是从社会普遍的观点进行划分的,对于神童这样的少数就不予以特别的关注了。

对于成年人并且在其智力正常的情况下，他是同意搜查的意思表示的主体；对于未成年人及智力低下的成年人，由于其理解能力、心智方面的不成熟，出于对他们予以保护的目的，其不可以作为同意搜查的意思表示的主体，应当由其法定监护人或者指定监护人代为做出同意搜查的意思表示。

第二，对于住所及物件的搜查。搜查的对象是住所及物件的时候，做出同意搜查的意思表示的主体的确定就更加复杂一些。对于住所的搜查，要看是否有共同的居住人或者所有人。（1）对于住所及物件仅仅为被搜查人所单独所有的，那么同意搜查意思表示的做出主体当然是被搜查人。（2）当住所及物件为被搜查人与他人共同所有或者说共同使用的时候，要看具体情况而定。对于公共使用的领域，任何共同所有人都有权利做出同意搜查的意思表示；对于非共同使用的领域，则只有其使用人才能够做出同意搜查的意思表示。（3）比较特殊的几种情形：一是儿女和父母住在一起的。对于这种情形，美国通过判例所予以认可的规则是父母有权利代替儿女做出同意搜查的意思表示，但是儿女却不可以代替父母做出同意搜查的意思表示，对于这个问题，笔者认为父母是否有权代替儿女做出同意的意思表示，还是要看儿女是否有独立的意思表示的能力；二是对于夫妻这种特殊的共同居住人，美国通过判例所确认的规则是夫妻相互同意搜查对方的财物。夫妻的这种共同居住人的关系确实比一般的共同居住人更加地亲密，其单独所有的空间确实比一般的共同居住人少，但是我们并不能够将他们可能拥有的独立空间予以完全排除。所以在一般情况下,可以采用夫妻相互同意搜查的规则,但在夫妻之间的私人空间比较明显的情况下,还是不可以采用上述规则的;三是教务人员是否有权对学生公寓的搜查实施同意搜查的意思表示行为。对于这个问题,美国进行了区分处理,即对于高中学生公寓的搜查时可以由教务人员同意的,但是对于大学生公寓的搜查则是不可以的。上述划分的方式,我们可以予以借鉴。

2.同意搜查的意思表示的客体、方式、效果及其指向的对象

同意搜查这一意思表示的客体,毫无疑问就是侦查人员的搜查行为。对于同意搜查的意思表示的方式是不是一定要采用明示的呢? 还是也允许采用默示的方式呢? 美国法的规定为:当事人单纯顺从或默认侦查人员执行公权力,不得视为同意搜查。①笔者认为,美国做出如此的规定,主要是基于对当事人权利的更加切实的保护,也是为了更好地探知当事人真实的意思表示,这样可以避免在后续实务中可能会带来的不必要的麻烦。所以同意搜查的意思表示最好是以明示的方式予以表示,对于同意搜查的意思表示的效果,具体是指这一意思表示作用的范围,即在同意搜查的情况下,是否就意味着侦查人员可以对当事人所处的地方进行全面的搜查? 还有就是当事人在同意意思表示做出后是

①　Statev. McNeil,613A. 2d296(Conn. 1992);Floridav Bostick,501U. S. 429,111S. Ct. 2382,115L. Ed. 2d389(1991).转引自:林辉煌.论证据排除——美国法之理论与实务[M].北京:北京大学出版社,2006:133.

否可以收回？对于第一个问题，域外法治国家一般是规定其搜查房屋仅限于当事人所同意的范围，如果超过这个范围就可能构成非法的搜查。所以这就要求侦查人员在征求当事人是否同意的意思表示的时候，应当向当事人具体说明其要搜查的领域，不允许进行泛泛的搜查行为。在当事人做出同意的意思表示后是否允许其收回的问题，域外各个法治国家做出了肯定的回答。其实放弃权利并不代表权利的剥夺，对于人身权的放弃尤其是如此。所以当事人在做出同意搜查的意思表示之后，在侦查人员未结束整个搜查活动之前，当事人可以随时撤回其之前所作的同意搜查的意思表示。在当事人撤回的情况下，侦查人员应当立即中止这次侦查活动；否则其搜查活动即为违法。同意搜查的意思表示指向的对象仅仅限于执行搜查活动的侦查人员。对其他人所作的同意搜查的意思表示并不能够产生上述的效果。

3.同意搜查的意思表示无效的情形

一是无行为能力的人所作的同意搜查的意思表示。对于无行为能力人主要是采用民法上的概念，这种人主要是限于精神病人、智力极其低下及未成年人。精神病人、智力低下的人，他们对搜查是什么都不能够理解，更不用说"同意"了。所以基于对他们的保护，对于精神病人、智力低下的人所作的同意搜查的意思表示应当予以排除，当然对于间歇性的精神病人在精神正常的时候所作的意思表示应当予以认可。未成年人的年龄跨度比较大，从刚出生到18周岁，加上受教育程度的差异，没有办法通过年龄来做一个具体的划分。基于对未成年人的保护,我们可以考虑将其做出"同意"搜查意思表示的能力予以剥夺,将其交予其法定的代理人,比如其父母等人。

二是受到胁迫、欺骗后所做出的同意搜查的意思表示。同意搜查必须是基于当事人自由的意思表达,如果当事人做出同意搜查的意思表示是因为受到侦查人员或者其他人员的胁迫、欺骗,那么违背了当事人的意思自愿的原则,这种"同意"的意思表示无效。侦查人员或者其他人员以胁迫、欺骗等方法所取得的"同意"搜查的意思表示,并不可以漂白其搜查的非法性。

确立同意搜查制度,可在刑事诉讼中做如下规定:"侦查机关为了获取与犯罪有关的证据,在征得犯罪嫌疑人及相关第三人同意的前提下,可以对其人身、物品及私人空间所进行的搜查,不需取得搜查证。"

6.2.3　规范抓捕行为,扩大附带搜查范围

抓捕时附带搜查应合法化、常态化。

(一)赋予先行拘留抓捕时侦查机关的无证搜查权

前面已经提到,绝大多数犯罪嫌疑人是通过侦查人员主动抓

捕到案的。然而"抓捕"本身并非严格意义上的法律术语,我们只有在澄清其法律定位的前提下才能判断附随于它的无证搜查是否合法。

　　抓捕的主要作用是将某些现行犯和非现行案件中的重大嫌疑分子制服并带至公安机关。我国现行《刑事诉讼法》第 61 条规定:"公安机关对于现行犯或者重大嫌疑分子,如果有下列情形之一的,可以先行拘留……"《公安机关办理刑事案件程序规定》第 106 条规定:"公安机关对符合拘留要件的犯罪嫌疑人,由于出现犯罪嫌疑人正实施暴力活动,有可能危及在场群众安全或是在实施犯罪行为后正在逃跑自杀等紧急情形,来不及办理拘留手续的,应将犯罪嫌疑人抓获,带至公安机关后立即办理拘留手续。"上述规定为公安机关在紧急情况时适用先行拘留提供了法律依据。在现行法律形式上不承认无证拘留的情况下,所谓的"先行拘留"实际上包含了"抓获"和"拘留"两个环节,即先将现行犯或重大嫌疑分子抓获控制后,再办理相关法律手续执行拘留。也就是说,单纯的"抓捕"并不同于执行拘留,它不是一种强制措施,执行抓捕无须任何法律手续,只需确定该人是现行犯或重大嫌疑分子即可。如前文所述,抓捕已经成为现行重大嫌疑分子到案的主要手段,为保证侦查人员、现行犯、重大嫌疑分子及证据的安全,赋予侦查机关先行拘留抓捕时的无证搜查权,具备重大的现实意义。

（二）拘留逮捕附带搜查应该常态化

法律的缺陷直接影响了搜查措施的适用。如前所述，在我国现行法律框架下无证搜查仅使用于"执行逮捕、拘留的时候，遇有紧急情况"一种情形，但这样的设计在实践上几乎没有适用的空间。因为绝大多数的拘留或逮捕是建立在抓捕的基础之上，抓捕才是真正意义上控制嫌疑人的到案措施，拘留、逮捕只是到案后法律手续的完善而已，无证搜查大都附带于抓捕活动中，但这种无证搜查从严格意义上讲却是违法的。实际上，从世界范围来看，基于维护各方安全、保全证据方面的考虑，几乎所有的法治发达国家都允许警察在执行逮捕时对嫌疑人人身和周围场所进行附带的无证搜查。反观我国，现行的拘留制度和"紧急情况下可无证搜查"的规定显然没有考虑侦查实践的正当需要，过度限制了侦查人员的无证搜查权，以致司法实践中出现大量有正当性的违法行为。为解决此问题，立法应做出调整，确立我国的附带搜查制度，确认该类型无证搜查的正当性。

参照上述外国关于刑事附带搜查的立法与实践，我国构建附带搜查应当从其适用要件、实施范围以及相关配套措施的完善等方面着手。

1.适用要件

①适用前提：合法有效的逮捕或拘留刑事附带搜查适用的前

提是合法有效的逮捕或拘留，这是世界各国以及相关地区所共同认可的。需要明确的是，我国的逮捕相当于其他国家的羁押，我国的拘留则相当于西方的逮捕。但一般情况下，我国的拘留必须要有拘留证，只有在特殊情况下才可以进行无证拘留。正确理解我国的逮捕和拘留，有利于更好地理解刑事附带搜查的适用前提。在我国，合法的逮捕是指依照我国《刑事诉讼法》第 78 条、第 79 条的规定，经过人民检察院批准或人民法院决定，由公安机关执行的，对有证据证明有犯罪事实、可能判处徒刑以上刑罚的，采取取保候审、监视居住等方法，尚不足以防止发生社会危险性，而有逮捕必要的犯罪嫌疑人、被告人实施的逮捕。合法的拘留则是指依照我国《刑事诉讼法》第 76 条规定的拘留要件、第 83 条规定的拘留程序、第 84 条规定的拘留期限所实施的拘留。由于我国没有国外的羁押、拘提等强制措施，拘传、取保候审虽然是我国的强制措施之一，但基本属于闲置的措施，所以我国没有必要将其他强制措施列为附带搜查的适用前提。

②适用的时间要件：须与逮捕或拘留同步实施或紧接其后的一段合理期间，若有合理理由，也可在逮捕或拘留之后相当一段时间内。刑事附带搜查是为了防止发生执法人员及其他在场人员的安全受到损害以及证据毁损、灭失而设置的。如果不设置其实施的时间要件，可能导致执法人员以逮捕或拘留为借口，随意搜查被逮捕人或被拘留人的身体、随身携带的物品、所使用的交通工具以及住所等，对被逮捕人或被拘留人的隐私造成隐患。上

文中提到,除美国外,俄罗斯、日本以及我国台湾地区的立法均只承认相应强制措施实施的同时、或紧接其后的一段合理时间内实施的附带搜查的效力。笔者认为,我国对于"先附带搜查后逮捕或拘留"的做法不应采纳。若附带搜查的实施时间设置在逮捕或拘留的同时或紧接其后的一段时间,那么就不会有执法人员及其他在场人员的安全遭受威胁以及证据灭失的顾虑,执法人员完全有时间、有可能申请搜查证进行搜查,无须实施附带搜查。美国联邦最高法院在 Preston VS United States 一案中确认即时性原则;但在其后,其对于"逮捕后经过一段时间实施的附带搜查"和"先附带搜查后逮捕"的情况均承认其合法性。对于"逮捕后经过一段时间实施的附带搜查"的情形,于 United States V. Edward 中予以承认。我国在构建刑事附带搜查制度时也应当承认这一时间的合法性,但必须明确执法人员承担举证证明该附带搜查具有正当理由的责任,否则附带搜查不合法。对于"先附带搜查后逮捕"的做法,日本存在三种不同学说:一种认为实施逮捕行为后才可以实施附带搜查;一种认为只要实施逮捕行为,着手实施逮捕行为之前或之后均可进行搜查;还有一种认为只要符合逮捕的情况,即使不着手实施现实的逮捕,亦允许进行附带搜查。笔者认为,我国不应承认"先附带搜查后逮捕"的效力。理由如下:(1)附带搜查只是附随于逮捕或搜查行为的,其不具有独立性,"先附带搜查后逮捕或拘留"的搜查并非附带搜查;(2)"先附带搜查后逮捕或拘留"的搜查本身缺乏保护执法人员与其他在场人员安全和避免证据毁损、灭失的可能性,不符合附带搜查的目的;(3)附带搜查的范围决定其不能先于逮捕或拘留而实施。关于附带搜查的实施范围于下文详述。另外搜查行为也可能会导致逮捕或拘留行为不能成功进行,惊动拟逮捕人或拘留人,本末倒置;(4)基于保障附带搜查对象的合法权益,世界上大多数国家和地区均只承认相应强制措施实施的同时、或紧接其后的一段合理时间内实施的附带搜查的效力。

③实施刑事附带搜查的主体要件:公安机关以及其他有逮捕和拘留执行权的机关。在我国,刑事附带搜查的主体只能是公安机关以及其他有权实施逮捕和拘留的机关,其他任何机关、社会团体以及个人均无权实施,这也不同于我国台湾以及日本,其实施刑事附带搜查的主体是检察官、检察事务官、司法警察官或司法警察。我国人民法院虽然有逮捕或拘留的批准权或决定权,人民检察院有批准逮捕或拘留的权力,但这两者均无逮捕和拘留的执行权,因而不可能实施刑事附带搜查。

④刑事附带搜查的证据要件(必要性):必要性＝相当理由＋合理怀疑。必要性应当成为附带搜查的实施要件,否则难免会导致附带搜查的滥用。在美国法上,对于此要件存在个案分析法则与明确法则之争。① 个案分析法则,是指只有在警察具有相当理

---

① 杨雄.论我国刑事附带搜查制度的重构——以美国法为参照的分析[J].福建公安高等专科学校学报,2006(1).

由或怀疑，认为犯罪嫌疑人的身体或容器内藏有凶器或证据时，才能实施附带搜查；而明确法则则认为，警察于逮捕犯罪嫌疑人后，可以无要件地实施完全搜查。美国联邦最高法院在 United States VS Robinson（美国 VS 罗宾逊）案中，多数意见认为应当采用明确法则。我国在构建刑事附带搜查制度的要件时，应当采用个案分析法则，即应当将必要性作为实施附带搜查的要件之一。执行逮捕或拘留的执法人员只有在有相当理由相信被逮捕人或被拘留人身上有犯罪证据，或证据有可能毁损或灭失，或者怀疑其身上携带有武器等可能使执法人员或其他在场人员安全受到威胁的情形下，才允许实施附带搜查，否则可能造成执法人员违反令状主义原则而滥用附带搜查，侵害相对人的合法权益，同时也使搜查制度形同虚设。英国、日本等法治国家也都要求具备合理的理由，相信有必要才能实施附带搜查。

2.刑事附带搜查的实施范围

刑事附带搜查的实施范围要根据其两个目的——保护执法人员和相关人员的安全，以及避免证据毁损或灭失来确定。我国在确定刑事附带搜查的实施范围时，可参考借鉴美国的相关判例——立即可控的范围。所谓立即可控的范围原则，是指从被逮捕人或被拘留人的角度观察而言的，即警察在逮捕或拘留犯罪嫌疑人、被告人时，该被告人、犯罪嫌疑人可以被立即控制的范围。具体而言，大致包括被逮捕人或被拘留人的身体、住宅、所使用的交通工具三个部分。下面将按照立即可控范围的原则就这三个部分分别详述之。就被逮捕人或被拘留人的身体而言,其立即可控的范围是其所穿戴的衣物、随身携带的物品。对于身体内部的附带搜查,只有在有相当理由相信被逮捕人或被拘留人身体内有证据,如不立即搜查,会导致证据毁损或灭失时,才可以实施附带搜查。但执法人员必须举证证明其对身体内部实施附带搜查的正当性,即其必要性。就被逮捕人或被拘留人的住宅而言,立即可控的范围是就被逮捕人或被拘留人所处的具体地点向四面八方扩展,这需要根据个案的具体情况而定,不能一概而论。法院在认定实施范围是否合适时,应当考虑以下因素:被逮捕人或被拘留人是否上手铐、其体格及灵活程度、年龄、距离相关物品的远近、容器状态等。对于住宅的附带搜查范围还有另一个重要问题,即被逮捕人或被拘留人并非一直只停留在一个地点,而是会移动的。因此,对住宅而言,其附带搜查的范围会随着被逮捕人或被拘留人的移动而发生变化。所以,其搜查范围是以被逮捕人或被拘留人必须经过的点为中心的立即可控的范围。对于汽车的附带搜查,其范围应当是整个汽车内部,只要可以容纳其他物品的地方均可以搜查。对于第三人私人住宅、第三人的人身,只有在认为第三人可能是同伙,身上可能有武器会造成伤亡的情况下才允许实施附带搜查。

3.附带搜查制度的相关救济措施

构建附带搜查制度时,必须设计相关的救济措施,以限制执法人员滥用附带搜查,保障被搜查人的合法权益,也保障执法人员附带搜查的有效性。

①设置事后审查机制。执法人员在执行逮捕或拘留以及附带搜查时,必须有逮捕或拘留笔录以及刑事附带搜查笔录,以记录逮捕或拘留、刑事附带搜查现场执行的状况及结果,然后交由法官审查实施刑事附带搜查的必要性以及其合法性和范围等。逮捕或拘留笔录以及刑事附带搜查笔录必须交被逮捕人或被拘留人以及在场人签名,交一份笔录复印件给被逮捕人或被拘留人。若其拒绝签名,应在笔录中说明状况。另外,对于现场应当适当拍照为证,以证明执行逮捕或拘留时的现场状况。

②对于住宅的附带搜查设置在场制度,即在住宅内对犯罪嫌疑人、被告人实施逮捕或拘留,认为有必要进行附带搜查的,应当允许被逮捕人或被拘留人在场;若其不能在场,应当邀请其同住人或其他人员在场见证。

③完善我国的非法证据排除规则。我国非法证据排除规则初露端倪,并不完善,其排除的范围仅为言词证据,实物证据不排除。为此,我们要完善我国非法证据排除规则,对于非法的附带搜查所得的实物证据予以排除,从而规范执法人员的行为,这主要是通过排除非法附带搜查的证据来预防刑事附带搜查的滥用。至于非法附带搜查的情形,主要包括以下两方面:不符合实施刑事附带搜查的要件而实施的,其实施范围超出法律规定范围的。如在美国,在非拘禁逮捕中对被逮捕人实施了附带搜查,搜查所获得的证据为非法证据;在中国台湾或日本,没有实施附带搜查

必要性而进行搜查,所获得的证据为非法证据;等等。上述国家及地区均将超出了实施范围的附带搜查所获得的证据予以排除。在我国,由主体不合法而导致附带搜查的不合理性的,所获得的证据不能作为有效证据使用。由不符合附带搜查的前提要件、时间要件、必要性要件以及搜查实施范围的规定而进行的附带搜查,所获得的证据也应当予以排除。

④确立对执法人员的惩罚机制。对于执法人员非法适用刑事附带搜查的行为给予惩罚,追究其民事责任、行政责任乃至刑事责任,以警示执法人员应依法行事,促使其执法前衡量其行为与后果之间的关系。

⑤完善国家赔偿制度。我国现行的《国家赔偿法》第 2 条规定,国家机关和国家机关工作人员行使职权,有本法规定的侵犯公民、法人和其他组织合法权益的情形,造成损害的,受害人有依照本法取得国家赔偿的权利。按《国家赔偿法》规定,国家赔偿包括行政赔偿和司法赔偿两大部分。我国可以通过完善《国家赔偿法》的相关规定,对非法的刑事附带搜查所造成的物质损害给予赔偿,以救济被非法刑事附带搜查人侵犯的合法权益。另外,还应当明确执法人员相关的举证责任,即对于其实施刑事附带搜查的正当性、实施范围的合理性承担举证责任;若其举证不能,则认定其附带搜查为非法,其附带搜查所得的证据为非法证据,按照上述非法证据排除规定予以排除。给相对人造成损害的,则应当进行国家赔偿。值得一提的是,如由主体不符合法律规定而导致

附带搜查不合理的,实施主体是国家机关或国家机关工作人员以外的人,则不能根据国家赔偿制度进行赔偿,应当视损害情况提起民事诉讼或刑事诉讼。

6.2.4　设置紧急情形无证搜查制度

紧急情况下的搜查(search in urgent condition),即在嫌疑人具备现实的人身危险性,或有毁灭、隐匿、转移证据之可能,或时间紧迫、若非及时搜查则可能致使嫌疑人脱逃或证据消灭,或有其他紧急情况,侦查主体得以突破令状原则,依职权启动搜查。其原因无非是:在此等情况下,嫌疑人本身的危险性已经造成对他人利益或社会秩序的重大威胁。综合权衡利益得失,毋宁以有限度地牺牲对嫌疑人的人权保障换取对他人利益的保护或对犯罪的控制。例如,警察在日常巡逻中听见枪声,听见呼救声,或者看到一个人拿着枪、手里抱着一大捆钞票,诸如此类的情况,如果不立即进行搜查就有可能放纵犯罪人或者导致证据灭失,因此警察应当采取行动。此时,保护公众和保全证据比办理搜查证更重要。

（一）紧急搜查与数据隐私

2019 年 2 月 1 日,浙江省温州市中级人民法院对社会广泛关注的"滴滴顺风车司机抢劫、强奸、杀人案"(以下简称"顺风车案")进行公开宣判。法院经审理查明,2018年8月24日13时28分许,被告人滴滴顺风车司机钟某开车接上乘客被害人赵某。当车行至山路时,钟某采取持刀威胁、胶带捆绑的方式,对赵某实施了抢劫、强奸,后为灭口将其杀害。法院判决,被告人钟某犯抢劫罪、强奸罪、故意杀人罪,并处死刑。法院的定罪量刑并无争议,而在此之外的更多的案情细节更具研究价值。媒体报道的细节事实如下:2018年8月24日13时30分,被害人赵某告诉朋友已坐上顺风车。14时09分,赵某在微信群中表示进入无人山区并发来"怕怕""这个师傅开的山路,一辆车都没有"的信息。14时14分,赵某发出"救命""抢救"的信息。赵某的朋友多次联系赵某未果之后,于15时42分、16时、16时13分、16时28分、16时30分、16时36分、16时42分七次联系滴滴平台。滴滴平台回复:"一线客服没有权限。"16时左右,赵某的朋友向永嘉上塘派出所报案。其间,警方、赵某的父亲和朋友要求滴滴平台给出司机的具体信息,但被滴滴平台以泄露用户隐私为由拒绝。直至20时,滴滴平台通知赵某的朋友称,已将该名司机的车牌信息提供给警方。但是,解救为时已晚。

上述事实的三个细节反映了三个问题:(1)滴滴平台以保护隐私为由拒绝提供用户信息。然而,虽然隐私属公民重要法益,甚至具有宪法价值,但是过度的隐私保护也可能带来灾难性后果,隐私保护与隐私干预之平衡的制度性缺失。一方面,滴滴平台没有即时将用户信息交给公安机关的激励机制和畅通渠道,仍坚守传统的隐私保护理念;另一方面,公安机关没有即刻从滴滴平台获得用户信息的强制权力及法律依据,只能等待滴滴平台的自愿提供。(2)作为关键之物的用户信息系无体物的数据。如果存在这样一种制度,使得滴滴平台受制于公安机关的强制处分而及时披露滴滴司机和滴滴用户的个人信息,那么,它非搜查法制莫属。可是,传统观点认为,搜查以"在场""有体"为要件,而网络时代的信息数据既非有体物,亦可非在场远程调取,所以难以启动搜查程序。(3)被害人赵某与亲友的反复联系说明了现行犯的紧急情况。但是,根据我国现行《刑事诉讼法》第 138 条第二款的规定,紧急搜查以"在执行逮捕、拘留的时候,遇有紧急情况"为要件。即使搜查法制得以适用于数据隐私的干预场合,现有的紧急搜查也难以适用于本案。有鉴于此,本文拟在反思传统的隐私保护视角的基础上,探究网络时代倒逼搜查构成向隐私基准的变革,进而提出作为隐私保护限度的紧急搜查的司法适用方案。

1. 隐私权具有宪法价值

宪法虽无隐私权之明文但并不影响隐私权的基本权属性。例如,隐私权源自美国法,美国宪法并未明文规定隐私权的保护,其对隐私权的保护是来自对美国宪法修正案的引申。又如"隐私权实质内容于德国法制发展上由起初不予承认,到列入'一般人格权'之内涵予以保护,进而列入个人资料保护专法,最终被承认为基本权利,并被赋予宪法位阶予以保护"①。至今,基于人性尊严、个人主体性和人格自由发展的宪治原理,隐私保护的理念已深入人心。然而,重视保护的隐私观容易造成隐私权的过度膨胀。由此,隐私权视角应当由隐私保护向隐私风险转变。

(1)保护视角隐私权的过度膨胀。保护视角的隐私权源于隐私的控制利益。传统的隐私权理论强调隐私保护,保障个人的自主控制。"隐私权保护的强化与现代信息社会具有密不可分的关系……信息社会使个人成为所谓的'透明人',甚至裸体化。"②隐私的保护需求因而愈加突出。当今最具影响力的隐私权保护基准是美国最高法院所构建的"合理的隐私期待"标准:一是主观要件,该人(已通过其行为)展现了对隐私的实际(主观)期望;二是客观要件,社会承认该隐私期望是合理的。合理的隐私期待标准的诸多具体判断规则即以控制利益为基本原理。控制性原理发展出了以告知后同意为核心的隐私保护规则。所谓告知后同意原则,是指在告知隐私权人并经其同意获取其隐私之后,其不再具备隐私控制的合理期待。后美国最高法院又发展出第三方规则(又称第三方假设及风险承担理论),即宪法"并不禁止政府获取已透露给第三方并由该第三方传达给政府的信息,即使该信息

---

① 吕昭芬.论医疗资讯电子化与隐私权之保护——以美国为借鉴[J],军法专刊,2018(2).

② 王泽鉴.人格权的具体化及其保护范围·隐私权篇(上)[J].比较法研究,2008(6).

透露给第三方是基于这样的假设:该信息仅用于有限目的且放置在第三方的秘密不会被出卖"①。换言之,一旦隐私权人自愿将隐私信息交付至第三人手上,则其就失去对该隐私信息的合理期待。因为该隐私权人能够合理地预测该第三人散布该隐私信息,即该隐私权人无法再合理期待对此隐私信息享有控制利益,其被假定要(或者基于自由开放的社会而被要求)承担第三人对外揭露该隐私信息的风险。此外,"不应以个人所处之空间有无公共性,作为决定其是否应受宪法隐私权保障之绝对标准。即使个人身处公共场域中,仍享有私领域不被使用科技设备非法掌握行踪或活动之合理隐私期待"。其中的"控制即须保护"思维非常明显。

控制性原理所发展的隐私保护规则虽然有其积极意义,其控制利益的隐私观却具有保护过度膨胀的隐患。在控制性原理之下,隐私权总是在保护视角下被定义和判断,以家长的姿态保障绝对的个人自主性。在顺风车案中,从控制利益的保护视角讲,赵某和钟某因将用户信息归由自己和平台共同掌管,所以具有"合理的"隐私期待。正是这种隐私保护理念支持滴滴平台以隐私保护为由拒绝向公安机关提供用户信息,只注重保障用户隐私的自主控制,并不关心该隐私在个案中是否受到侵害。其实,如后文所述,规范地来看,被害人赵某不会认为滴滴平台向公安机

---

① United States v. Miller,425 U. S. 435,443(1976).

关披露其用户信息是对其隐私的侵犯,社会也不会认为滴滴平台向公安机关披露行为人钟某的信息是对其隐私的侵犯。因此,从隐私侵犯的风险视角讲,赵某和钟某都可被认为因没有隐私侵犯风险而不具有合理的隐私期待。

(2)风险视角隐私权的规范判断。风险视角的隐私权源于隐私的亲密利益。隐私除了具有控制性利益,还具有亲密性利益。所谓亲密性,是指个人通过隐私揭露的选择来调整亲密关系的能力。亲密性原理认为,隐私的重要性不仅在于保护个人的自主性,而且在于个人对亲密关系的塑造。个人可以通过降低隐私的流出,而与社会保持一定的距离,亦可释放隐私(更多揭露自己),经营与社会之间的紧密关系。与秘密性着重于个人本身不同,亲密性强调个人与他人之间的关系。换言之,秘密性的重点在于个人自主性的保护,而保护的效果可能产生阻绝他人进入自己世界的结果;亲密性的重点在于人与人之间关系的建立和经营,保护的效果可能产生他人(自己)愿意进入自己(他人)世界的结果。①可见,与"向内"的强调控制的秘密性相反,亲密性具有"向外"趋向。

隐私因亲密利益的外向性而具有社会性。根据亲密性原理,"隐私权所保护的不仅是个人对所处社会体的'自我'回应态度,

---

① 张陈弘.新兴科技下的资讯隐私保护:"告知后同意原则"的局限性与修正方法之提出[J].台大法学论丛,2018(1).

其最终所保护的应是包覆'自我'的'社会有机体'对于该自我的回应态度。自我的隐私期待，必须是社会所接受的合理期待，而非纯粹的'自我'隐私保护。"合理的隐私期待标准的客观要件，即来自隐私的社会性特征。进而，隐私的风险视角从保护视角的反面认为，由于隐私的亲密利益，个人在输出隐私或者接收隐私的过程中，具有对该个人造成情感或者其他伤害的潜在可能性。隐私风险理念将个人隐私置于社会背景之下。"隐私作为一种权利，个人得用以主张其所身处的社会能给予符合对个人隐私流通的期待"，"从隐私伤害或隐私风险角度出发的隐私概念，其优点在于帮助隐私与个人所处社会脉络间的互动调和。亦即，在个案中虽有个人的抽象隐私利益存在，但并不意味着对该个人必然产生社会所不可容忍的客观隐私伤害；隐私伤害的存在与否，取决于隐私权利所处社会脉络下的认知"。总之，根据风险视角的隐私观，合理的隐私期待标准的适用需要规范地判断有无隐私风险。

隐私风险理念在顺风车案中可发挥巨大作用。从前述隐私权的保护视角出发，隐私保护是"一刀切"式的绝对保护，这种家长主义保护不分情境场合，但实则有时公民并不需要这种保护，或者不值得拥有这种保护。而从隐私权的风险视角出发，隐私保护应是规范判断的、情境化的保护，是根据国民和社会需要的有限保护。具体到顺风车案中，行为人钟某不值得拥有隐私保护，而被害人赵某则不需要这种隐私保护。由此可见，网络时代隐私体量的增加,不但不意味着要继续甚至强化传统的隐私保护,反而要减少不必要的保护。

2.重构搜查法理:从财产基准到隐私基准基于法律的正当程序原则

如上所述,隐私保护与搜查行为具有密切关系:在判断政府行为是否构成搜查并进而判断该行为是否符合法律的正当程序的宪法原则时,总是伴随着相对人是否具有合理的隐私期待的判断。最初,根据"在场""有体"的形式说,搜查与隐私并无亲和关联。但是,随着形式说向实质说的转变,尤其是以财产权为中心的实质说向以隐私权为中心的实质说发展,搜查就成了必要的隐私侵害。换言之,隐私保护的法律限度(亦即隐私干预的唯一途径)就在于搜查,国家唯搜查才能以牺牲个人隐私为代价。与形式说相比,实质说能够认定顺风车案中公安机关向滴滴平台调取用户信息的行为性质为搜查,从而消除公安机关电子数据取证的制度鸿沟,因而值得肯定。

其一,"在场""有体"的形式说。反对顺风车案中的公安机关向滴滴平台调取用户信息的行为系搜查的观点,主要理由是搜查行为之构成在于"在场"和"有体"二者。具言之,构成搜查行为,一方面,搜查者和被搜查者及其他相关人员出现在搜查现场;另一方面,搜查之物为有体物,搜寻查找无体物者不构成搜查。然而,该"在场""有体"的形式说在方法论上存在缺陷。有关"在场"理由源于物理空间的搜查事实与《刑事诉讼法》的明文规定。首先,在物理空间,搜查须搜查者出现在搜查现场。其次,现代各国刑事诉讼法通常规定被搜查者或其他有关人员在场原则。例如,我国《刑事诉讼法》第139条第一款规定:"在搜查的时候,应当有被搜查人或者他的家属、邻居或者其他见证人在场。"执行搜查,容易产生争端,会同他人在场见证,并令其于搜查笔录签名,一来可以减少违法搜查情事,二来可以增加以后争执时的证明管道。据此,有学者认为,数据信息得以远程传输之方式取得,搜查者、被搜查者等相关人员不在场,故而其非搜查。这一观点值得商榷。一方面,"构成要件是具有实质内涵的规范评价的类型化形态",但"在场"并非搜查行为构成的本质特征,仅是为了从程序上防止违法搜查不当侵害被搜查者的合法权益。另一方面,根据现行法律之规定,"在场"原则也有例外。例如,我国《刑事诉讼法》第140条规定:"搜查的情况应当写成笔录,由侦查人员和被搜查人或者他的家属、邻居或者其他见证人签名或者盖章。如果被搜查人或者他的家属在逃或者拒绝签名、盖章,应当在笔录上注明。"存有例外之特征,不宜作为概念的核心内涵。关于"有体"的理由源于物理空间的搜查对象与宪法法律的明文规定。例如,美国宪法第四修正案规定,"人民的身体、住所、文件、财物不受不合理的搜查和扣押"[1]。据此,有学者认为,搜查的法律意义,"乃为发现特定人、'物',对于一定场所、物件或人的身体所为之强制处

---

[1]　See U. S. Const. amend. IV.

分,或强制取得'物'的占有"。

由此法律解释似可理解,原本《刑事诉讼法》有关证物保全的机制设计,乃转移、占有过程中,以物理上管理可能"有体物"为前提。然而,如此解释存在方法论上的缺陷。形式解释论与实质解释论的对立是一种方法论和法律观的对立,与实质方法相比,形式方法无法有效应对随着社会发展变迁而产生的新事物,正如这里的信息网络时代所产生的隐私数据。根据实质解释论,认定政府机关的行为是否构成搜查,首先需要探究搜查行为的保护法益(规范目的)。毫无疑问,当政府机关"扣押"公民财产时所侵犯者为公民的"财产权"。但是,当政府机关"搜查"公民的"身体、物品、住处和其他有关的地方"(我国《刑事诉讼法》第 136 条)时,所侵犯者为何,不无争议。

其二,以隐私权为中心的实质说。美国最高法院最初的论证逻辑体现了以财产权为基准认定搜查行为的构成。在 1886 年的 Boyd v. United States 案中,美国最高法院 Miller 法官在协同意见书中认为,宪法并非禁止所有的搜查和扣押,制宪者所关注的是搜查和扣押不能被滥用,因而只禁止"不合理的搜查和扣押";美国宪法第四修正案特别描述了搜查的场所(place)和扣押的人(person)或物(thing),那种授权搜查任何场所、扣押任何东西的普遍令状(generalwarrant)是不合理的,因而应被禁止;根据写明搜查事物的令状而进行的搜查是允许的。当时,禁止普遍令状的原因是,根据普遍令状而为的搜查严重侵犯公民财产权。美国宪法第四修正案的保护法益是"物"或"场所",以"财产权"或"物理侵入"为中心的搜查法理得以构建:以是否物理侵入宪法所保护的区域(身体、住所、文件、财物)、有无财产权的侵害作为是否构成搜查的标准。① 根据搜查的财产权基准,顺风车案的公安机关向滴滴平台索要用户信息,既无物理侵入,亦无财产损害,显然不能成立搜查。然而,如此一来,公安机关便失去了从滴滴平台取得用户信息的制度渠道。

美国最高法院在 1967 年的 Katz v. United States 案中将搜查的财产权基准推向隐私权基准。美国最高法院认为,尽管法院不时以"宪法保护地域"(constitutionally protected areas)这一术语作为其结论,但这一概念并不是解决所有第四修正案问题的灵丹妙药。第四修正案保护的是"人",而不仅仅是"地"不受不合理的搜查、扣押,其范围不能取决于是否存在特定圈占之地的物理入侵。例如,政府电子收听并记录个人在公用电话亭内打电话所说的内容,因侵犯了个人在使用电话亭时所仰赖的隐私而构成第四修正案所规定的"搜查和扣押",而用来收听的电子设备没有穿透电话亭的墙壁这一点并无宪法意义。② 据此,美国宪法第四修正案的保护核心不是"财产权"而是"隐私权",从而形成以"隐私权"或"隐私期待"为中心的搜查法理:只要公民欲保有其隐私,就

---

① See Boyd v. United States,116 U. S. 616,640–641(1986).
② See Katz v. United States,389 U. S. 347,351,353(1967).

受宪法第四修正案的保障,即使政府没有物理上的侵入行为,一旦侵犯个人的隐私期待,也构成搜查。

根据搜查的隐私权基准,一方面,搜查制度构成隐私保护的法律限度;另一方面,顺风车案中的公安机关调取司机信息就应当评价为搜查行为。其理论优势在于,为顺风车案中的公安机关获取用户信息提供了制度渠道:搜查作为一种强制处分,滴滴平台必须向公安机关提供相关用户信息。实际上,我国《刑事诉讼法》于 2012 年新增电子数据为法定证据种类之一,就已为隐私权基准的搜查埋下伏笔。根据 2019 年 2 月 1 日起施行的公安部《公安机关办理刑事案件电子数据取证规则》第 3 条和第 7 条的规定,收集、提取电子数据即电子数据取证,具体包括扣押或封存原始存储介质、现场提取电子数据、网络在线提取电子数据、冻结电子数据和调取电子数据等五种收集、提取措施或方法。虽然该证据规则未在电子数据的场合直接使用搜查的法律术语,但实质上已承认了数据搜查的事实,其具体规则也与《刑事诉讼法》所规定的搜查程序没有本质区别。

即使我国搜查法制具有上述立法缺陷,仍可通过解释论的路径予以弥补。"法律规则的优化和调整,归根究底是为了塑造适应社会生活变化的可靠法律规范,法律解释、补正、修订等无疑都以完善法律规则为目标,探寻法律规则自洽的必要条件,不仅是立法者的任务,也是解释者的工作。"①正是在法律领域,通过新的解释,使得概念适应需求的变化。通过将《刑事诉讼法》第138条第二款所规定的"紧急情况"实质化,即由通说所认为的程序性情形解释为紧急搜查的实质要件,就可解决问题。顺风车案的紧急情况具体属于现行犯的场合,行为人钟某系现行犯。紧急情况下不需要搜查证的实质理由有三:第一,为防止罪犯或嫌疑犯之逃脱;第二,为防止证据之湮灭;第三,为保护警察、他人或公众之安全。而所谓现行犯,正是指正在实施犯罪行为或者刚刚实施过犯罪行为的人;现行犯规定的立法目的正是防止逃亡或湮灭罪证和维护公共秩序。现行犯分为以下类型:(1)正在追赶呼喊行为人的场合;(2)正在持有赃物或者其他明显意图用于犯罪的凶器等物品的场合;(3)身体或者被服有明显犯罪证迹的场合。需要特别注意的是,在网络时代背景下,信息网络的通讯功能使得现行犯不一定仅是指面对面看到的罪行。

国外如现行犯之紧急情况的搜查实例有很多。例如,2009年8月22日,David Riley因驾驶标签过期的汽车而被加利福尼亚警察依法扣留,随后被搜查出两支隐藏的枪支。在进一步搜查中,David Riley被逮捕并查收其一部手机。② 该案的紧急搜查始

---

① 刘艳红.程序自然法作为规则自洽的必要条件[J].华东政法大学学报,2018(3).

② See Callie Pippin Raitinger, Warrantless Search of the Digital Data on Cell Phones, Journal of the Missouri Bar, vol. 71, 2015, pp. 39-40.

于汽车标签过期,行政临检模式与刑事搜查模式能够顺畅切换。由此可见其紧急搜查要件之灵活与宽松。相比之下,如上所述,我国紧急搜查较为机械而苛刻。由此,我国紧急搜查刑事司法应当确立通过实质解释实现扩大解释的基本导向。在顺风车案中,公安机关应当以现行犯之紧急情况对滴滴平台实行强制紧急搜查,以获取用户信息。依现行《刑事诉讼法》第138条第二款的通常理解,紧急搜查须在执行逮捕、拘留的时候,遇有紧急情况,自然于本案中无法得出公安机关可以紧急搜查之结论。然而,该传统见解未免狭隘,极大限缩了紧急搜查的适用范围,而无法充分实现紧急搜查的立法目的。该条之"在执行逮捕、拘留的时候"与"遇有紧急情况"中间以逗号之标点符号相隔,二者能够被解释为并列关系,而非修饰关系。换言之,在执行逮捕、拘留的时候,得紧急搜查;在遇有紧急情况之时,亦得紧急搜查。该条规定了"执行逮捕、拘留"和"遇有紧急情况"得无证搜查的两种情形。如此一来,公安机关就能够对顺风车案施以紧急搜查;而且,司法机关也就能够通过司法解释或者司法实践不断丰富"紧急情况"的具体情形,从而使形式的紧急搜查规定实质化。

(二)刑事检查

由于在我国刑事检查属于无证搜查的一种,但《刑事诉讼法》并无相关规定,实践中存在的问题也较大,因此应该加以规范。

从实际情况来看,因为硬件设施和监管手段的缺陷,留置措施已经很少被使用。因此,对附属于留置的检查这样一种既有越权之嫌、又实际效果不大的制度,我们认为实无多少保留的必要。但就当场检查而言,其理由主要是基于公共安全的需要,具有内在的实质合理性。同时,基层警察在执法过程中形成的对检查时机、检查地点、检查方式与对相关证据的处置等方面的经验,总体上与美国的"停止与拍身搜查规则"、英国的拦截与搜查制度①、德国的紧急搜查②等极为相似。但现行立法层面的制度规范与检查实践并不能配套实施。一方面,对检查制度的规定,仅限于《中华人民共和国人民警察法》第 9 条之授权性规范。至于检查的根据、检查的方式、检查结果的处置等,则缺乏相关的制度约束。反映在侦查实践中,时有警察觉得某人看"不顺眼"而随意检查的情况,而如何检查、检查的方式、对于通过检查而获得的犯罪证据如何处理完全根据侦查人员自己的理解。另一方面,《人民警察法》属于行政法,与《刑事诉讼法》相比较,属于下位法,其对人民警察在紧急情况下运用的侦查权力予以详细规范不符合法理精神。针对犯罪嫌疑人的当场检查,从性质上属于立案前的调查手段,是正式侦查的准备程序,其后果直接由侦查机关与犯罪嫌疑人承受,理应由《刑事诉讼法》予以规范。因此,在承认当场

---

①　中国法学会.英国警察与刑事证据法:警察工作规程[M].北京:金城出版社,2003:121.

②　李昌珂,译.德国刑事诉讼法典[M].北京:中国政法大学出版社,1995:44.

检查的情况具有现实的合理性的前提下,建议借鉴美国"暂留拍身"的规则进行以下规制。其一,执行检查时,必须亮明侦查人员的身份。必须是口头的,同时应出示有效的执法证件。其二,公开场所的检查只能用拍身检查,以外表检验、翻看为原则,只有针对暴力犯罪、非法携带毒品的犯罪嫌疑人,才允许将其带至公安机关后进行深入检查,包括对身体隐私部位的检查。其三,检查范围不宜过大,只能限于被检查人的人身、随身携带的物品,而对其住所、非随身携带物品等不在无证检查范围之内。其四,对于检查发现的犯罪证据及违禁品,应当制作扣押物品清单一式两份,一份交被检查人,另一份存入诉讼卷中。其五,通过盘问、检查,如果发现被检查人可能实施了特定的犯罪行为,则应按受理、立案程序办理,并启动正式的侦查程序。

6.3　刑事搜查启动要件重构的原则

我国司法实践中执法人员滥用搜查权的情况还相当严重,搜查程序的合法运行很大程度上依赖于执法人员个人的道德修养。在现代法治国家,对执法人员行使搜查权的限制非常严格,即必须贯彻令状原则、特定性原则、合理性原则和保障人权原则、比例原则这五项原则,刑事搜查证明标准相应地也会体现合理性原则。同时,刑事搜查由于具备天然的人权危机性,刑事搜查证明标准也要遵循必要性原则。刑事搜查证明标准作为搜查实施主体的内心衡量标尺,需要外部要件达成时才能准确判断。因此,搜查证明标准要与搜查理由相匹配变成刑事搜查启动必须遵循的另一个原则。

6.3.1 合理性原则

英美行政法中,基于行政自由裁量权是行政机关法定权限范围内的事,过去法院对行政自由裁量行为倾向于不干预,后来才开始了司法监督。① 对行政自由裁量权的司法评价通常采用合理性原则(the Rule of Reasonableness)。这一原则来源于司法审查的判例。

在英国,合理性原则最早出现于 1598 年的鲁克诉下水道管理委员会案。下水道管委会的委员们为整修河岸征收费用,但他们把所有所需费用都摊派给邻近土地的所有人,而不是摊派给所有的受益者。委员们依法有征收费用的自由裁量权,但是法院判决被告败诉。科克大法官在判词里写道:"尽管委员会授权委员们自由裁量,但他们的活动应受限制并应遵守合理规则和法律原

---

① 刘苹.论摆脱行政诉讼的困境[J].南京大学学报,2000(3):68.

则"①,"如我们说由某当局在其自由裁量权之内做某事的时候，自由裁量权意味着，根据合理和公正的原则做某事，而不是根据个人意见做某事。……自由裁量权不应是专断的、含糊不清的、捉摸不定的权力，而应是法定的、有一定之规的权力"。以后，法官们在相关的案件中不断地引用这一原则。而英美法院之所以有权命令行政机关合理地行使自由裁量权，都源于这个共同渊源。②

这一原则在美国的发端相对较晚，且最初它并不是针对行政自由裁量权。1898 年的霍尔登诉哈迪案最早提出了"合理性"概念。此案涉及犹他州的一个矿场主因令工人工作 8 小时以上而受到州法惩罚一事，矿主认为州法侵犯了他与工人的"签约自由权"，违反了宪法修正案第 14 条的"特权和豁免权"条款。最高法院驳回了矿主的请求及其理由。由布朗大法官宣布的判决指出，签约自由并不是不受限制的，相反，这项自由本身必须受到州公安权所建立的合法规定的限制；而保护本州公民的生命健康和安全正是州立法机关合法行使的公安权的一部分，州有权进行干预。但最高法院同时宣布，州法之所以合理是因为存在的事实和数据表明煤矿对工人身体健康确实有害，基于此"合理的"根据，州有权限制矿工的工作时间。此判决实际上建立了最高法院解

---

① 威廉·韦德.行政法[M].北京：中国大百科全书出版社,1997:64.
② 伯纳德·施瓦茨.行政法[M].北京：群众出版社,1986:568.

释立法部门制定的法律的合理性的权力。[①] 尽管该判例并不直接与行政自由裁量权相关,却为以后法院对行政自由裁量权的评价奠定了基础:合理与否取决于手段与目的之间的关系,同时取决于合法利益目标的实现。

根据美国《联邦行政程序法》第 701 节的规定,任何行政机关的行政行为均应接受司法审查,但制定法已规定,禁止对其进行司法审查的行政行为和某行政机关的行政行为是法律已授权它可以"自由裁量"的行为除外。第二种情形即为"属行政机关有自由裁量的全权行为"。在保护奥佛顿公园的民众组织诉沃尔伯案中,最高法院得出结论:"行政机关有自由裁量的全权。"这一例外非常狭窄,仅仅适用于制定法已为这种含义十分广泛的措施规定的、没有可适用的法律的情况。[②]《联邦行政程序法》赋予了复审法院"认定专断的、反复无常的、滥用自由裁量权的行政行为或其他的行为违法,并予以撤销"的权力。上述案件争议的焦点是:根据适用的联邦制定法的规定,如果有一条"可行的、节省的"替代路径的话,则运输部长不得批准使用联邦基金来资助修建一条穿越某公共公园的高速公路。原告们指控说运输部长违反了上述限制。最高法院的意见是:复审法院应判明,这一批准修建穿越

---

① 王希.原则与妥协:美国宪法的精神与实践[M].北京:北京大学出版社,2000:410.

② R·W·芳德利,D·A·法贝尔.美国环境法简论[M].北京:中国环境科学出版社,1986:90.

奥佛顿公园的高速公路工程的行为是否属于《联邦行政程序法》所指的"专断的、反复无常的、滥用自由裁量权的或其他的违法行为"。这也归结到合理性标准。法院必须裁定,运输部长能否合理地认定:这里没有其他可替代路线,或替代路线存在特殊困难。

行政自由裁量权必须被合理地行使,"甚至一揽子授权也包含了合理行使的要件"。在巴洛诉科林案中,最高法院认为,虽然法律授权农业部长"制定他认为合适的规章,以执行本法之规定",但是,不能认为,这是授权"完全由行政部门的自由裁量权判断:什么样的规章是合适的,不许法院干涉"。法律虽然允许他们行使自由裁量权,但是法律并未不许法院裁决受非难的行政行为是否合理的问题。制定行政官员认为理想的规章之权,也应受法院适用的合理性原则的约束。① 在另一个涉及授权立法的韦尔豪泽公司诉科斯特利案中,最高法院进一步明确了"合理"的内容。联邦《清洁水法》第 301 节中关于"最佳可行技术"的定义给了环境保护局在确定不同类别、不同等级污染源的排污限额时充分的自由裁量权。在该案中,制浆和造纸工厂的厂主们对适用于他们行业的那些"最佳可行技术"条例的有效性提出了异议。他们争辩说,由于他们所排放的污水总量与承纳水体的水量相比是微不足道的,因此,他们不必为了处理那些太平洋本来能自行稀释和处理的污水而花费大笔金钱来购置和安装净化设施。法院

---

① 伯纳德·施瓦茨.行政法[M].北京:群众出版社,1986:119.

同意环境保护局的意见。但是,法院在此案中对《清洁水法》第304 节 b 条中的要求做了解释,即环境保护局在制定"最佳可行技术"排污限额时,应当考虑一系列因素,其中,首要的是采取该技术将花费的成本以及由此而减少的排污量所带来的收益之间的关系。而在 1966 年的一个联邦案件中,法院发布禁止令,不许行政机关随意发布情报。证券交易委员会在提起传票执行诉讼时,根据既定政策发布了一道新闻,详细说明了它对答辩人及他的公司和其他有关公司违反证券法行为的指控内容。该委员会在以前已经起诉了其他有关公司,结果协商解决了。审理此案的法院裁定,证券交易委员会自行发布新闻,而不权衡公众对情报的需要与有关私人利益所受损失之间的得失,滥用了它的自由裁量权。

从根本上说,几乎所有的行政行为都有其可理解的理由,在这个意义上它们都是合理的。但是,我们这里的合理性是说它们是否符合"合理"的法律标准,合理性原则的内涵在于用什么来衡量合理与不合理。由以上判例(以美国为典型)我们可以知道,"合理"标准在于:手段与目的之间关系的必要和适当,行使的结果可以带来什么好处,又要付出什么样的代价,即成本—收益的合理性。行政自由裁量权行使的结果应该是总收益大于总成本,而在自由裁量权可以行使的众多方案中,应该选择行使总成本最低、也就是净收益最高的方案,这才能够算得上"合理"。

所谓搜查的合理根据原则,是指搜查官进行搜查,必须具备一定的理由,不得为了发现证据或抓获嫌疑人而进行无根据的任意搜查。对此,各国都做了相应的规定。如在美国,搜查一般只有在具备"合理理由(probable cause)"的情况下才能实施,紧急情况下的拍身搜查只有在"有理由相信(reasonable belief)"的情况下才能实施。在英国,警察执行逮捕时如果必须进入一定的场所,则必须有合理的理由相信犯罪嫌疑人在该场所或是为了保护生命、健康或防止对财产的严重损害。单纯对场所的搜查,警察必须提供合理的根据,并证明存在应当强制进入搜查场所的紧急情况,然后治安法官据此签发搜查证。《德国刑事诉讼法》第102条、第103条,《日本刑事诉讼法》第102条也做了类似的规定,但与英、美有所区别:英、美没有对嫌疑人与嫌疑人以外的人采用不同的标准,都采取同一个标准;但是,德国和日本对嫌疑人与嫌疑人以外的人分别采取了不同的标准,如《日本刑事诉讼法》第102条规定,对被告人的身体、物品、住所或其他场所的搜查以有"必要"为前提,而对被告人以外的人的身体、物品或住所的搜查,以"足以认为应予以扣押的物品存在的情形为限"。

合理性原则在刑事搜查中的贯彻,主要应包括如下方面。

(一)平等对待

当代学者米尔恩指出:"比例平等原则要求:(a)某种待遇在一种特定的场合是恰当的,那么在与这种待遇相关的特定方面是相等的所有情况,必须受到平等对待;(b)在与这种待遇相关的特定方面是不相等的所有情况,必须受到不平等的对待;(c)待遇的相对不平等必须与情况的相对不同成比例。"①这就是说,平等对待包括三种情形,即同等情况同等对待,不同情况区别对待,比例对待。

同等对待有两种情况:第一,行政主体同时面对多个相对人时的同等对待。同等对待规则是一种顺向思维,又称一视同仁。如果做反向思维,这项规则也可称为非歧视性规则、反对歧视规则。当然,这里的"同时",不仅仅是指同一个案件,而且应当是指同一时间阶段。例如对一起共同犯罪案件中数个犯罪嫌疑人的搜查中,应当对每个嫌疑人同等对待。第二,行政主体先后面对多个相对人时的同等对待。行政主体对不同时间阶段出现的相对人权利义务的设定、变更或消灭,应当与以往同类相对人保持基本一致,除非法律已经改变。这一规则也可称为遵循行政惯例规则、前后一致规则或反对反复无常规则。这就要求侦查机关在搜查时要秉承一贯的搜查方式和原则,对被搜查人的权利义务设定不因时间不同而不同。

不同情况要求区别对待。如果对不同情况给予同等对待,那不是平等。区别对待规则,要求行政主体在实施行政行为时认真

---

① 米尔恩.人的权利与人的多样性——人权哲学[M]北京:中国大百科全书出版社,1995:59.

区别各相对人的具体情况。在刑事搜查中,搜查对象千差万别,要根据需要区别对待。紧急情况下可以无证搜查,夜间禁止搜查等都是不同情况区别对待的体现。

比例对待规则要求行政主体按不同情况的比重来设定相对人的权利义务。刑事搜查中比例对待要求对被搜查人的义务设定按照犯罪情况的严重程度、搜查的紧迫性程度等应由轻到重,体现区别。

(二)比例原则

行政法上的比例原则是指行政权虽然有法律上的依据,但必须选择使相对人的损害最小的方式来行使为原则。在德国行政法学上,该原则包括三项内容,即适当性原则、必要原则和狭义的比例原则。适当性原则是指行政行为应合乎法律的目的。必要性原则是指行政权的行使应尽可能使相对人的损害保持在最小的范围内。狭义的比例原则是指行政主体对相对人合法权益的干预不得超过所追求的行政目的的价值。[①] 适当性原则基本上属于合法性原则的内容,因而比例原则就是必要性原则和狭义的比例原则两项内容。必要性原则要求行政主体即使可以依法限

---

① 安.德国行政法[M].北京:清华大学出版社,1999:29.转引自:陈新民.行政法学总论[M].台湾:台湾省三民书局,1997:60.

制相对人的合法权益、设定相对人的义务,也应当使相对人所受的损失保持在最小范围和最低程度。

搜查要有合理的理由,不得任意行使搜查权。这就为启动搜查权设置了实质要件。仔细分析《刑事诉讼法》第 109 条之规定,与其说其规定的是搜查理由,不如说其规定的是搜查的目的。这一规定必然造成在实践中执法人员启动搜查权的随意性。例如,许多执法人员仅凭自己的怀疑就进行搜查,其真实的意图往往是执法人员想通过搜查达到获取其他犯罪"线索"(证据)的目的,甚至是扩大"战果"的目的。所以,滥用搜查权的现象就变得十分"正常"了。因此,《刑事诉讼法》中必须明确搜查的理由。鉴于当前我国犯罪态势居高不下,打击犯罪和维护社会稳定仍然是侦查机关艰巨的任务,加上侦查机关侦破案件的手段相对落后,在设定搜查的理由时,其要件不可过高,亦不能太低,应考虑如下因素:(1)执法人员所掌握的证据是实物证据还是言词证据,抑或是线索材料。如是言词证据或线索材料,就必须要有其他的证据材料印证。(2)犯罪嫌疑人所涉嫌犯罪的性质、危害程度、是否可能判处有期徒刑以上刑罚。对明显可能判处有期徒刑以下刑罚的犯罪嫌疑人原则上不得申请对其住宅进行搜查,只有在其拒绝交出相关证据时方可搜查。(3)执法人员所掌握的证据材料能否证明有查获犯罪嫌疑人或犯罪证据的可能,而不能仅仅建立在执法人员毫无根据的推测或怀疑的基础上。

比例原则与平等对待的目的都是实现行政行为的公正性和

合理性,比例原则所要求的某些内容与平等原则所要求的某些内容也会发生重合。但是,它们又是有区别的。平等对待是通过对各相对人之间的比较来认识行政合理性的,比例原则是通过对事即相对人所具有的情节与所应得到的法律待遇之间的比较来认识行政合理性的。比例原则主要是对负担行政的要求,而平等对待原则的适用则不限于负担行政,还适用于给付行政。符合平等原则的行政行为不一定符合比例原则。坚持比例原则即使能够达到负担行政中的平等对待,也无法实现给付行政中的平等对待。因此,它们是两种不同的思路,也是对行政的两种不同要求,各自具有独立的价值。

(三)正常判断

对一个行政行为是否合理或不合理,难以确立一个量化的标准。即使我们可以借助于平等对待和比例原则来判断,也仍然存在是否"平等"、是否"必要"的问题。由此可见,对行政主体是否遵循了平等对待和比例原则又需要新的标准加以判断。

根据国内外的实践,只能以大多数人的判断为合理判断,即舍去高智商者(法学家、法官等)和低智商者(文盲、精神病患者等)的判断,取两者的中间值即正常人、一般人的判断为合理判断。只有当"如此荒谬以致任何有一般理智的人都不能想象行政机关在正当地行使权力","如此错误以致有理性的人会明智地不赞同那个观点","如此无视逻辑或公认的道德标准,令人不能容忍,以致任何认真考虑此问题的正常人都不会同意它"时,才能被认为不合理。① 这样的不合理,也就是显失公正。

6.3.2　必要性原则

刑事搜查只有在具备必要性时才能发动。刑事搜查的目的是寻找犯罪嫌疑人,查获犯罪工具、赃物等,原则上涉及与犯罪有关的人员与物体都可以进行搜查,但对于一般违法行为不能进行刑事搜查。因无证搜查缺乏严格的司法审查,为约束搜查的任意性,这里的必要性要求应高于普通搜查的必要性要求。根据我国《刑事诉讼法》第 136 条第二款规定:"在执行逮捕、拘留的时候,遇有紧急情况,不另用搜查证也可以进行搜查。"根据此条规定,必要性应该解释为只有在执行逮捕、拘留时才能适用无证搜查。这里存在一个如何理解执行逮捕、拘留与紧急情况之间关系的问题。《公安机关办理刑事案件程序规定》(下文简称《公安规定》)第 207 条显然做"重叠式"理解,《人民检察院刑事诉讼规则》(下文简称《检察规则》)第 179 条对此没有做出一个明确的说明。有

---

① 威廉·韦德.行政法[M].北京:中国大百科全书出版社,1997:79.

些学者认为对此应该做并列式理解。① 笔者同意第一种观点,做重叠式理解更符合立法意图。

在执行拘留、逮捕时并不意味着必须进行搜查,在情况不紧急的情况下,或者没有必要搜查的情况下只需要执行拘留、逮捕即可。实务中伴随拘留、逮捕而出现的高频率搜查并不意味着执行逮捕、拘留的必然后果是搜查。有证搜查属于"有因"搜查,搜查人员根据客观情况经过分析认为如果存在合理怀疑,则可以申请搜查证进行搜查。无证搜查对此必要性要求应该高于有证搜查,以防止无证搜查的滥用。但应高于何种程度呢? 笔者认为侦查人员结合案件的客观情况分析判断,达到较高怀疑的程度方符合无证搜查的必要性。但侦查人员的分析判断必须建立在客观事实基础上,不能主观臆断。

无证搜查除需要高于有证搜查的必要性要件外,还须满足"没有必要或来不及申请搜查证"这一必要要件。来不及申请搜查证属于积极的无证搜查必要要件。在申请搜查证有可能丧失获得重要的犯罪证据或者犯罪嫌疑人逃跑的情况下,可以不申请搜查证直接进行搜查。没有必要搜查是无证搜查的消极要件。在搜查证的取得变得没有必要的情况下,获取搜查证除了浪费时间外没有其他意义,则可以直接实施搜查行为。

---

① 张斌.我国无证搜查制度法理之构建——《刑事诉讼法》第 111 条第二款质疑[J].现代法学,2003(4):41.

刑事搜查必要时才能启动,这既是对权力的合理限制,也符合国际刑事搜查的一般标准。

1. 基于权力容易滥用的事实

搜查权属于侦查权之一,在性质上可归属于行政权范畴。行政权与司法权不分的前车之鉴,是促进分权与制衡的实质动因。从诉讼的历史来看,盛行于欧洲中世纪中后期的纠问式诉讼,法官集控诉职能与审判职能于一身,主动依职权追究犯罪。在没有任何外部的制衡制度的情况下,法官的权力非常之大,调查犯罪的过程中肆意施刑、随意侵入人民的生活,随办案需要进行逮捕、搜查和扣押等。这样的集权追诉犯罪模式,由于对权力外部制约的缺乏导致权力无限扩张和滥用,制造了大量的冤假错案;更严重的是,人权受到极大的漠视,在实践中对人权造成了极大的侵害。从某种意义上说,这种模式下追究他人的犯罪,集侦查、审判于一体的法官更容易滥用权力而制造新的"犯罪",这种"犯罪"是公然的,是国家权力对公民个人权利的肆意践踏,导致国家权力与公民个人权利的紧张冲突。控诉职能和审判职能的分离,不同的国家机关执行不同的职能,使权力的配置更加科学,是在刑事诉讼领域内发起的一场伟大的革命。可以说,这种权力分立,使刑诉制度向科学、文明、民主的制度迈出了实质性的一步。随着人们对权力本质的进一步认识和揭露,对权力滥用现实的反思,特别是 20 世纪上半叶人权保障运动的推动,人们不再对权力能"自律""向善"抱任何的幻想,深刻认识到"权力的弊病"——"权力"有一种本质会强化当权者骄傲自大、贪图名利的思想,使其堕落;而权力的行使又隐藏着侵犯人格,有时会危险到剥夺人的生存权这种性质。这样的认识是基于人对"二战"中刑事诉讼对人权肆意践踏的反思,再一次将追求人权保障作为新一轮刑事诉讼法制变革的基础。这次变革的目的是人权保障,手段还是通过分权与制衡这种方式。可以说,这次变革是继前一次分权之后的第二次重大的权力分立革命。这次权力分立的内容是,将强制性措施的决定权与执行权相分离。通过将强制性措施的决定权与执行权由不同的国家机关来掌握,实现对权力的制约,防止滥用。这种分权的意义不仅比前次分权更加细化、更加彰显人权保障、更加科学,而且在于"职权的划分和职能的分立,是符合人类心理学规律的。心理学告诉人们,人长久地从事某种特定的职业,必然会由职业养成某种特定的心理倾向性。但这种倾向性对人权保障来说无疑是有害的,因为执行侦查职能的警察的职业决定了他无法摆脱其心理倾向性"[①]。这就是说,发生了一件非常事件,他就会自然想到那也许就是一起犯罪事件;查获了一个嫌疑犯,他会努力去证明那就是罪犯;查明了一个犯罪事实,他会推测还会有其他罪行;查明了一个轻罪事实,他会估计还会有重罪事实;查获了一个罪犯,他会努力去挖可能存在的同案犯;等等。这种由职业养成的心理倾向性实属正常,其正面体现了侦查人员对国

---

① 李心鉴.刑事诉讼构造论[M].北京:中国政法大学出版社.1992:53.

家的效忠、对职责的坚守,而其负面则往往表现出对无罪、罪轻的忽视,对公民权利的轻视。因此,把追诉职能和辩护职能都集中在一个人身上,是不科学的。①

　　孟德斯鸠关于权力有句经典的话:"一切有权力的人都容易滥用权力,这是万古不易的一条经验。有权力的人们使用权力一直到遇有界限的地方才休止。"从事物的性质来说,"要防止滥用权力,就必须以权力约束权力"。由此可见,孟德斯鸠对于为什么要控制权力以及如何控制权力阐明了精辟的见解,并为以后各国的政体以及宪法的制定提供了理论指导依据。同时,孟德斯鸠还指出,每一个国家有三种权力:立法权力、行政权力、司法权力。并且这三种权力不能集中于同一个人或同一机关之手,他指出如果这样会有的后果:"当立法权和行政权集中在同一个人或同一个机关之手,自由便不复存在了,……如果司法权不同立法权和行政权分立,自由也就不存在了。如果司法权同立法权合而为一,则将对公民的生命和自由施行专断的权力,因为法官就是立法者。如果司法权同行政权合而为一,法官便将握有压迫者的力量。如果同一个人或由重要人物、贵族或平民组成的同一个机关行使这三种权力,……则一切便完了。"②由此可见,要想防止国家权力滥用,必须遵循分权与制衡原理。而且"没有分权就没有

――――――――――

　　① 李心鉴.刑事诉讼构造论[M].北京:中国政法大学出版社.1992:188.

　　② 孟德斯鸠.论法的精神(上册)[M].张雁深,译.北京:商务印书馆,1961:156.

制约,没有制约就没有民主"①,分权是制约的前提,制约是民主的保障,因而现代刑事诉讼制度文明的实现,分权与制衡是必由之路。

德国的法学思想一直认为,允许以强制性侵犯公民的权利时,关键的是一方面必须对国家权力的强制权明确地予以划分与限制,另一方面必须由法院对强制性措施进行审查,使公民由此享受到有效的法律保障。② 不分权、不制衡的结果是可怕的、触目惊心的,必须要对国家权力进行分权和制衡已成为在这个制度下生存的人们的共同理想和追求。通过"权力制约权力"防止"权力侵害权利",使现代刑事诉讼国家追诉犯罪的手段更加科学、公正和文明。美国在 1787 年制定宪法时,正是遵循了这一原理,通过分权与制衡,来防止权力的扩张和被滥用。

2. 基于联合国文件的要求

刑事搜查关系到公民的政治权利、人身自由、财产权利、住宅安全以及个人隐私等重大利益,而这些利益不仅是宪法性权利,而且是联合国宪法性文件保护的内容。从公民权利的规定上来说,《公民权利与政治权利国际公约》第 17 条规定:"(一)任何人的私生活、家庭、住宅或通信不得加以任意或非法干涉,他的荣誉和名誉不得加以非法攻击。(二)人人有权享受法律保护,以免受

---

① 李心鉴.刑事诉讼构造论[M].北京:中国政法大学出版社,1992:145.

② 约阿希姆·赫尔曼.德国刑事诉讼法典[M].李昌珂,译.北京:中国政法大学出版社,1999:6.

这种干涉或攻击。"《世界人权宣言》第 12 条也做了同样的规定。两部重要的联合国法律文件对公民私生活、家庭、住宅或通信不得任意或非法干涉给予了正面肯定,而刑事搜查正是对这些利益的侵犯,所以必须对刑事搜查进行有效的法律控制,使其行使不是任意的而是必要的,不是非法干涉而是合法限制。从国家义务或责任上来说,《公民权利与政治权利国际公约》第 5 条规定,"(二)对于本公约的任何缔约国中依据法律、惯例、条例或习惯而被承认或存在的任何基本人权,不得借口本公约未予承认或只在较小范围内予以承认而加以限制或克减。"该公约要求对公约内的任何权利必须切实保障,而不能对其限制或克减,其外延是要对政府的权力做适当的限制或控制。另外,《公民权利与政治权利国际公约》第 2 条规定:"(三)本公约每一缔约国承担:(1)保证任何一个被侵犯了本公约所承认的权利或自由的人,能得到有效的补救,尽管此种侵犯是以官方资格行事的人所为;(2)保证任何要求此种补救的人能由合格的司法、行政或立法当局或由国家法律制度规定的任何其他合格当局断定其在这方面的权利,并发展司法补救的可能性;(3)保证合格当局在准予此等补救时,确能付诸实施。"

《世界人权宣言》第 8 条规定:"任何人当宪法或法律所赋予他的基本权利遭受侵害时,有权由合格的国家法庭对这种侵害行为作有效的补救。"这两部法律文件的规定要求一国在立法和司法上要对公约权利受到侵犯的当事人给予有效的救济。这种救济可以是对官方行为的否定性评价及其利益的剥夺,也可以并应当是对受到侵犯的当事人给予权利的救济,如国家赔偿。

综上所述,两部重要的联合国法律文件无论是从权利正面肯定的角度,还是从国家义务和责任的角度都强调了应当对权力进行司法控制或司法审查。对刑事搜查来说,因其行使涉及上述法律文件中所确认的权利,理应受到法律的有效控制。

我国《刑事诉讼法》中并没有关于搜查必要性原则的直接规定,但从相关法律规定中能够推导出无证搜查必要性原则。《公安规定》第 207 条规定了在"执行拘留、逮捕的时候",遇有五种"紧急情况",即"可能携带凶器的;可能隐藏爆炸、剧毒等危险物品的;可能隐匿、毁弃、转移犯罪证据的;可能隐匿其他犯罪嫌疑人的;其他突然发生的紧急情况"。上述规定属于附带搜查的情况,执行拘留与逮捕成为附带搜查的原则性必要要件,"携带凶器,可能隐藏爆炸、剧毒等危险物品,可能隐匿、毁弃、转移犯罪证据,可能隐匿其他犯罪嫌疑人的情况"成为附带搜查的具体必要要件。但这里并没有对无证搜查的种类做出具体的划分,且缺少同意搜查与紧急搜查情形的规定,有必要在参考上文所述内容基础上增加相应的搜查种类,并对不同种类的无证搜查设置不同的必要性要件,以符合搜查的必要性原则。

6.4 有证搜查启动要件之重构

6.4.1 完善搜查证制度

我国的搜查证,无论从申请、签发还是搜查证本身内容看,与现代法治国家的一些共同性规定存在着相当大的差距。立法上的漏洞反映在实务中的问题触目惊心。一些地方的公安侦查人员,可以不经任何批准随意进入怀疑有犯罪嫌疑人的住宅,不仅不说明理由,搜查的对象和范围也没有受到任何限制。同时还可以不受次数限制重复搜查。少数地方的公安机关甚至在搜查完毕后再"根据情况需要"补填搜查证。搜查的申请、签发被当作一个单纯的技术问题,搜查怎么快捷高效,搜查证就怎么制作,完全没有程序意识。笔者认为,随着我国社会主义民主和法制的不断完善和发展,随着司法改革的深入进行,对搜查证制度的改革与完善理应成为一项重要的工作。

近年来,理论界在论及刑事强制措施之时,从程序正当、价值平衡、武器平等诸多角度论述了在刑事诉讼中对犯罪嫌疑人人身自由进行限制和剥夺的审批权应归属于法官而非刑事诉讼的追诉方——检察官或公安机关。这些理由同样适合于对搜查令状的审批权限之行使,因为搜查是一种对人和物的双重强制,搜查存在着对公民个人财产权、隐私权的重大威胁。更重要的是,如果说逮捕、刑事拘留等人身强制措施仅适用于犯罪嫌疑人或被告人而使其正当程序被人们忽视的话,那么,搜查有时所针对的却是与犯罪或犯罪人之间没有任何关系的"第三者",我们有理由认为,这些"第三者"的合法权益应当得到保障,他们应当受到一种正当程序的对待,而如果将搜查审批权限归属于承担着犯罪控制任务的公安机关来行使,搜查最后的使命就将是、也必然是一种侦查手段而已,而被搜查对象的一切权益都将是这种制度的牺牲品。

在法治国家里,逮捕被视为对公民人身自由的强制,而搜查则被认为是对公民财产、个人隐私的强制,因强制而对公民个人权益形成的威胁要求这些措施采用司法令状主义。在我国,公安机关负责对刑事案件的侦查,承担着为检察机关在法庭审判中的举证责任而收集证据的任务,同时承担着对犯罪控制的主要职责,这一切都注定了公安机关对权力资源的大量需求,如果将搜查审批权由公安机关行使,由于举证责任和犯罪控制使命的重压,该权力势必被公安机关滥用,而沦为一种行政性权力,而非司法性权力,当前公安机关在办理刑事案件中对《人民警察法》所规定的"留置盘问"措施的"开发性"运用就是明证。因此,有必要将搜查审批权交由中立的第三方行使。

在我国,中立的第三方无疑指的是法官,但具体到刑事搜查的司法审查,则不应照搬英美法国家的法官审查主义。因为我国的司法架构和司法制度与西方国家并不相同,我国没有预审法官制度,如果搜查的司法审查由法官担任,难免会出现法官先入为主的情形,反而产生不利于司法公正的结果。鉴于我国检察院法律监督的宪法定位,加之侦查监督及搜查的批准皆由检察院负责的先例及经验,目前设置由检察院作为搜查证的签发监督机关比较合适。

6.4.2 构建不同情形下有证搜查的理由和证明标准

从历史来看,无论英国法还是美国法,搜查令的发展都经过了一个从作为授权根据到限权根据的历程。我们今天看到的搜查令状,在其诞生之初并不具有今天的限权功能,恰恰相反,其最初都是被国家权力授予的凭证。在英国,搜查令在最初是英王为了满足保证其贸易、税收等收入来源而将授权能够为其所用的商人的需要;在此后的政治发展历史中,为了满足其政治统治的需要而被用于授权那些为王权控制的出版企业,用于查抄可能危及国王统治的言论出版。就美国而言,"协助令"最初的产生即是为了满足英王向殖民地征收税收的需要,当国王的权力之臂无法触及之时,通过"协助令"的授权使那些所谓的"王室代理人"拥有无限的走私物品稽查权,从而保证英王的利益能够得到实现。因此,从美国法的历史来看,对"协助令"的反抗在某种意义上即具有解放革命的意味。因此,搜查令在英美法史上从授权根据向限权根据的转变,很大程度上是民权与王权斗争之结果。

然而,在近现代的英美刑事司法实践中,当无证搜查的例外之门越开越大之后,持证搜查在英美的刑事司法实践中已经从原则异化成了例外,通过搜查令对搜查对象进行特定性描述而期待所具有的限权功能很大程度上也因此只具有形式与象征的意味。而在中国的刑事司法实践中,原本限权功能就已经相当微弱的搜查证,则由于种种原因而被侦查人员有意无意地"规避与替代"。①

(一)对人的搜查

将搜查分为对犯罪嫌疑人或被告人搜查和对第三人的搜查,根据在于二者在刑事诉讼中的法律地位不同,并由此决定二者在刑事诉讼程序中的权利和义务、法律后果的区别。其意义在于以下几个方面。

第一,基于二者的前述区别,法律在设定搜查的实质要件上应当不同,即对犯罪嫌疑人或被告人的搜查所要求的实质要件较

---

① 左卫民.规避与替代——搜查程序运行机制实证研究[J].中国法学,2007(2).

低,而对第三人搜查所要求的实质要件较高。如我国台湾地区"刑事诉讼法"第122条规定,对于被告人或犯罪嫌疑人之身体、物件、电磁纪录及住宅或其他处所,必要时,得搜索之。对于第三人之身体、物件、电磁纪录及住宅或其他处所,以有相当理由可信为被告人或犯罪嫌疑人或应扣押之物或电磁纪录存在时,得搜索之。

第二,基于前述区别,犯罪嫌疑人或被告人与第三人对于警察之违法搜查行为可以提起的权利救济形式不同。对于犯罪嫌疑人或被告人而言,针对警察的违法搜查行为,根据搜查结果的不同可以提起不同的权利救济诉求,如果警察的违法搜查获得了该案诉讼所必需的证据材料时,在法治国家里,犯罪嫌疑人或被告人可以根据非法证据排除规则,提起非法证据排除的动议,要求将警察违法搜查所得的证据材料排除在诉讼证据体系之外,从而获得诉讼实体利益的救济;在警察的违法搜查未获得诉讼所必需的证据时,也可以对警察在搜查中的程序违法行为提起动议,从而通过侦查程序的瑕疵而获得诉讼实体方面的利益回报。但对第三人而言,由于刑事诉讼的实体利益与其无关,因此他不能通过非法证据排除规则的适用,或侦查程序的瑕疵,而获得被警察的违法搜查行为所侵犯权益的救济。

第三,对于国家(公安等侦查机关)而言,对第三人搜查的目的在于捕获被告人或犯罪嫌疑人,获取犯罪证据。从理论上而言,这是与犯罪嫌疑人或被告人的利益紧密相关的,而与第三人则无法律上和事实上的利害关系。这里要提出的问题则是被告人或犯罪嫌疑人是否可以基于警察对第三人的违法搜查行为提起非法证据排除或程序违法之类的动议，从而为自己寻求诉讼实体方面的利益。从程序正义的角度来考虑，任何程序的非法当然都是一种程序方面的瑕疵，都使刑事诉讼的正义价值被减损，国家理应为此付出代价，问题是犯罪嫌疑人或被告人是否能从中受益。

1. 对犯罪嫌疑人、被告人的搜查：合理的怀疑

搜查作为一种常用的侦查措施，其发动的前提是一个不能回避的问题。根据美国宪法以及《美国联邦刑事诉讼规则》的相关规定，只有当存在"相当理由"（probable cause），才可以进行逮捕、搜查和扣押。针对搜查，"相当理由"存在的要件是执法人员认识到的和掌握的事实和情况可以使一个具有合理警觉的人相信在某个地方或某人身上可以找到某件东西。具备正常警觉的人不是指具有法律方面训练的人，而是指大街上的一个普通人。要以这种普通人的眼光在同样的情况下能够相信某物可能在某个地方找到，才认为有合理根据。在实践中，可能原因的存在标准是：一个具有正常警觉的人诚实地相信嫌疑人有罪的可能性比无罪的可能性大。而且，如果在法庭审理时是否存在相当理由受到当事人的质疑，警察必须证明当初他判断有可能的理由。因此，警察在判断可能原因并采取行动时一定要详细记录当时的事

实情况。①

在其他相关国家和地区中,搜查的发动同样有前提。在我国台湾,搜查的发动亦要求"必要"及"有相当理由"。② 台湾"刑事诉讼法"第 122 条规定:(1)对于被告人或犯罪嫌疑人之身体、物件、电磁纪录及住宅或其他处所.必要时得搜索之。(2)对于第三人之身体、物件、电磁纪录及住宅或其他处所,以有相当理由可信为被告人或犯罪嫌疑人或应扣押之物或电磁纪录存在时为限,得搜索之。《俄罗斯联邦刑事诉讼法典》第 168 条规定的实行搜查的理由也是"具有相当根据"③。《法国刑事诉讼法》对搜查发动的要件在法典上没有"相当理由"或"必要"的字眼,但据其第 94 条的规定,凡是可能发现有利于查明事实真相之物件的地点,均可进行搜查。④ 因此其前提是"可能存在有利于查明事实真相的物件",是相当原因的明确化。《日本刑事诉讼法》第 102 条规定:"法院在必要时,可以对被告人的身体、物品、住居或其他的场所,进行搜查。对被告人以外的人的身体、物品、住居或其他的场所,

---

① 程味秋,杨宇冠.美国刑事诉讼中的逮捕和搜查[J].中国刑事法杂志.2001(5):1.

② 但有台湾学者对此持批评态度,认为应该将第 1、2 项合并,均应以"相当理由"为搜索原因.参见:王兆鹏.搜索扣押与刑事被告的宪法权利[M].翰庐图书出版有限公司,2000:21.

③ 俄罗斯联邦刑事诉讼法典[M].苏方道,等,译.北京:中国政法大学出版社,1999:103.

④ 卡斯东·斯特法尼,等.法国刑事诉讼法精义(下)[M].罗结珍,译.北京:中国政法大学出版社,1998:574.

以足以认为有应予扣押的物品存在的情形为限,可以进行搜查。"《德国刑事诉讼法》中检察官及警察人员在搜索时,依刑诉法第103条第一项(第106条第二项)均有义务告知搜索的理由。①

我国《刑事诉讼法》没有明确规定搜查发动的理由,但是根据第134条,我国搜查发动的目的是"为了收集犯罪证据、查获犯罪人"。通过比较,笔者认为,第一,我国《刑事诉讼法》对于搜查的发动没有具体规定是极为不妥的,搜查的目的不能等同于可以发动搜查的理由,从理论上完全有这样的可能性,即政府可以随意发动搜查,轻率地侵入公民住宅翻箱倒柜,可以对公民身体"上下其手",只要其是基于收集犯罪证据查获犯罪人的目的,想象这种情形,无不令每一个头脑清醒的人有后怕的感觉。第二,所谓"必要"的措词也不恰当。所谓"必要"更多是一种个人主观上的判断,这会造成虽然没有"相当理由"认为被告人或犯罪嫌疑人家中、身体有应扣押物品,但只要法官或检察官或警察感觉上(如职业敏感性,职业成见)认为"必要"即可搜查,这何尝不是政府对人民隐私权、人格权极为轻率恣意的侵犯。而"相当理由"是一种客观的存在,它决定了政府必须有一定程度的原因或基础才可能要求人民让渡一部分自身的基本权利。而且"相当理由"也保护了警察的执法空间,因为警察在现实世界的执法中,常会面对模棱

---

① 克劳思·罗科信(ClausRoxin),吴丽琪,译.刑事诉讼法[M].第24版.北京:法律出版社,2003:345.

两可的情形,警察不可能永远准确无误。但"相当理由"给民众提供了一个对政府错误的可容忍度。此外,只要警察在客观上具备了搜查的相当理由,其主观上隐匿的动机为何,不影响搜查的合法性。如美国的 When VS US 案,被告超速驾驶汽车,又未打方向灯转弯,警察具备拦阻被告汽车的相当理由(交通违规)。警察将汽车拦下后,自车窗看见被告手上有状似古柯碱物品,警察即依据"一目了然"(Plain View)法则,逮捕被告扣押该状似古柯碱物品。事实上,警察拦下被告汽车的动机并非全为交通违规,警察事先即已怀疑该车车主可能与毒品活动有关,乃将被告拦下。被告在被诉持有古柯碱的审判中抗辩,警察虽然有拦阻汽车的相当理由,但警察的真正动机是刑事调查。因此请求法院判决警察的拦阻行为不合法,但美国联邦最高法院全部大法官一致决议:"一般而言,警察主观的动机如何,与宪法相当理由的决定,完全无任何关联。"

综合国外相关规定,结合我国目前搜查较为随意混乱的现状,把对犯罪嫌疑人、被告人的搜查证明标准界定为"合理的怀疑"比较合适。一方面,比西方法治发达国家"相当理由"标准略低,可以满足搜查的需要同时契合普通大众的法律意识水平;另一方面,能对搜查以合理的规范,保障诉讼中被追诉者的利益。这种"合理怀疑"大致相当于信任度的 30%。

根据前述证明标准的论证,证明标准本身具有主客观两面性。"合理的怀疑"是有证搜查的发证主体的内心确信程度标准,是主观标准，外化于客观方面，表现在对于申请搜查证的主体要达到如下要件才有可能被批准搜查：（1）发生了严重的可捕的罪行；（2）犯罪嫌疑人、被告人身上藏有重要证据意义的材料；（3）该材料不被特殊保护。

2. 对第三人的搜查：合理的相信

区别对犯罪嫌疑人或被告人的搜查，和对第三人的搜查，其主要实益在于搜查门槛，也就是发动搜查的合理根据，有宽严之别，对犯罪嫌疑人或被告人搜查之门槛较低，对第三人搜查之门槛较高。从主要法治国家的立法规定看，大都对第三人搜查问题做了特别的要求，在某种意义上可以认为是对第三人搜查的启动要件要高于对犯罪嫌疑人或被告人的搜查。如《日本刑事诉讼法》第102条规定，法院在必要时，可以对被告人的身体、物品、住居或其他的场所进行搜查。对被告人以外的人的身体、物品、住居或其他的场所以足以认为有应予扣押的物品存在的情形为限，可以进行搜查。《韩国刑事诉讼法》第109条的立法与日本类似，同样规定，法院在必要时，可以搜查被告人的身体、物品或住居及其他场所。对于非被告人的身体、物品、住居或其他的场所，限于足以认定有应当扣押的物品的情况才可以进行搜查。《德国刑事诉讼法》第103条规定，在其他人员处搜查，只有在为了破获被指控人、追踪犯罪行为线索或者扣押一定的物品，并且只能在依据事实可以推测所寻找的人员、线索或者物品就在应予搜查的房间里的时候，才准许予以搜查。为了破获具有实施了《刑法典》第

129(a)条的或者该所列之一的犯罪行为重大嫌疑的被指控人,在根据事实可以推断他正停留在某楼房内的时候,也准许对该楼房里的住房和其他房间进行搜查。

美国 1978 年的 Zurcher v. Stanford Daily 案对第三人搜查问题的讨论也可以为我们的研究提供一些借鉴。在该案中 Stanford Daily 报纸因刊登两天前发生的游行示威过程中的警民冲突现场照片而被警察认为可能保有在当天的冲突中打伤警察的犯罪嫌疑人的照片,于是警察向治安法院申请搜查令,请求搜查和扣押可以用来查清当天在冲突中打伤警察的犯罪嫌疑人的身份的照片和底片。治安法院批准了警察的申请,签发了搜查令,但是警察在搜查过程中并未获得任何可资证明冲突中袭警犯罪的证据。在后来 Stanford Daily 提起的民事诉讼中,报社认为警察的搜查行为从两个角度来看都是违宪的:其一是警察的搜查行为侵犯了报社的新闻自由,违反了美国宪法第一修正案;其二是对第三人搜查的问题,即对第三人的搜查应当与对犯罪嫌疑人或被告人的搜查有不同的标准。认为针对第三人持有的犯罪证据等物品,法院应当先发出要求第三人随带证据出庭的命令传票,要求第三人主动提交相关的犯罪证据,只有在该命令传票未能奏效的情况下,法院才能批准警察对第三人的搜查。在审判中,Stevens 法官对报社的主张表示认同,认为就如审判中证人人数永远多于被告人数一样,侦查中第三人之人数通常也多于犯罪嫌疑人数量,因此对第三人的搜查,会侵犯其隐私、伤害其名誉,必须得到足够的重视。特别是在单纯证据法则废止后,警察只要有合理根据相信可能在第三人处发现犯罪证据即可申请搜查令对第三人进行搜查,对第三人权益的保护受到严重的削弱和影响。因此,Stevens 大法官认为,当第三人持有单纯的犯罪证据时,除非有合理的根据可以相信第三人有可能隐匿或毁弃该犯罪证据,治安法院应当先签发随带证据出庭的命令,否则不得对第三人进行搜查。而法庭的多数意见则认为,只要有合理根据即可对第三人进行搜查,因为宪法第四修正案的规定并未要求必须有合理的根据相信第三人可能隐匿或毁弃该犯罪证据才可签发搜查令,而且在侦查阶段,要确定谁是第三人、谁是犯罪嫌疑人、谁有可能隐匿或毁弃犯罪证据相当困难,如此要求将严重地影响警察的执法效能,因此只要有合理根据即可对第三人进行搜查。

综观前述法治国家关于对第三人搜查时的启动要件规定,可以发现,尽管我们可以认为对第三人搜查的启动要件要高于对犯罪嫌疑人或被告人搜查时的启动要件,但是,我们又发现前述各法治国家的立法规定的仅仅是实体要件的区别,而对搜查启动的程序要件方面却没有相应的规定,即在搜查启动的程序要件方面并没有针对犯罪嫌疑人或被告人的搜查,还是针对第三人的搜查做出区别。笔者认为,这或许算是这些立法中存在的一大不足。因为实体要件的判断存在着诸多的主观性因素,"必要"与"足以证明"既可能因为情势的变迁而发生变化,更可能因不同判断主体——警察、检察官、法官,或此警察、检察官、法官与彼警察、检察官、法官不同的知识、经验、价值而得出不同的结果。因此,这种实体要件的差别或许尚不足于保障无辜的第三人的合法权益。笔者认为,从理想的角度来看,真要体现立法对第三人的特别保护的目标,不仅应规定在搜查启动的实体要件上针对第三人的搜查要高于针对犯罪嫌疑人或被告人,而且应当规定搜查启动的程序要件上,针对第三人的搜查要高于针对犯罪嫌疑人或被告人的搜查,比如说严格限制对第三人无证搜查的情形、严格禁止对第三人进行夜间搜查等。

这里要讨论的问题是,为什么国家的立法应当规定在对第三人的搜查启动要件要求上要高于对犯罪嫌疑人或被告人的搜查?如果仅仅从二者在刑事诉讼程序中的法律地位、权利义务差异上寻求根据,显然不能让人满意,因为二者这些差异本身就是立法的设定。台湾学者林钰雄先生认为,对犯罪嫌疑人或被告人,和对第三人搜查启动要件的区别,是因为犯罪嫌疑人或被告人更有可能将犯罪证据藏匿于自己身上或住处,因此搜查所需要的合理根据更易达到。假设被告甲涉嫌盗窃,甲通常或极其可能待在自己家中,或将其犯罪工具、赃物等藏匿于自己的住宅处或物件。因此,若已存有犯罪嫌疑,搜索甲的宅处,可以说是依照侦查经验想当然的事情,合理根据比较容易构成;据此,《刑事诉讼法》便以"必要时"来表达这种低度门槛。反之,如果检警欲搜索第三人乙的宅处而拘捕甲或找寻赃物,任何人都会问一个简单不过的问题:与第三人乙何干?到底凭什么认为甲躲藏在乙宅?又凭什么断定甲会将赃物藏匿在乙宅？检警想要搜索乙宅，就要回答"何干"和"凭什么"的基本问题，如果说不出个所以然，当然就欠缺合理根据。被告人为刑罚权之对象，一方面享有诸多程序权利，另一方面亦就强制处分负有相应之忍受义务。因此，台湾"刑事诉讼法"规定"必要时"得搜索被告人身体及其物；反之，第三人则非刑罚权之对象，其无相当于被告人之程序权利，但亦无如被告人般的忍受义务，是以，对其发动搜索的门槛较高"刑事诉讼法"据此规定，仅以"有相当理由"可信被告人或应扣押之物存在时为限，始得搜查第三人及其物。犯罪嫌疑人、被告人基于其诉讼地位，享有更多的获得权利救济的机会，如他可以通过提出非法证据排除规则等动议来救济警察之违法搜查所侵害之权益，而第三人所能享受的救济渠道明显少于犯罪嫌疑人或被告人，所以对第三人搜查启动的要件要高。

　　据此，对第三人的搜查，应当确立"合理的相信"证明标准。这一标准在发证主体的内心确信程度大约 50%。相应地，申请搜查的主体的证明必须达到如下客观标准：(1)发生了严重的可捕的罪行；(2)第三人身上藏有重要证据意义的材料；(3)该材料不被特殊保护；(4)若不搜查将可能导致证据的灭失或转移。

　　(二)场所搜查：一定的相信

　　场所搜查是指对可能隐藏犯罪嫌疑人或证据的住处或其他

地方的搜查。将场所分为两类：一类为住处，另一类为其他地方。与此相类似，在美国的刑事诉讼理论中则将对场所的搜查划分为对私人场所和公共场所的搜查。对场所进行这种二元划分的根据非常明显，即人们对住处和其他场所，或者说人们对私人场所和公共场所具有的权利，特别是对个人隐私期待的差距。

对于住宅，在隐私进入研究视野之前，人们更多的是从"住宅"——"家"这样的联系来论述住宅之于人们的意义，而不仅仅只是一种民法意义上的财产。"每个人的住宅就是他的城堡"是这种理解的经典表达。查塔姆伯爵威廉·皮特说："最贫穷的人可以在其村舍中与王室的一切军队对抗。村舍可能脆弱，屋顶可能动摇，狂风可能吹打，暴风雨可能袭来，但是英国国王不得进入，他的一切武装力量不敢跨越已经倒塌的村舍的门槛。"[①]他的雄辩从另一个方面表明了这样一个事实，即 19 世纪的思想家们并未将隐私作为一种单独的权益加以考虑，而是代之以根据一般的利益推断。但是，显然他们并不只是将视角置于财产权方面，他关心的并不是财产的交换价值，而是某一类对个人生活具有重要意义财产的独立存在这一事实，是对所有物排他性的最大要求的重视，即便是"穷人的破房子"。威廉·皮特还说："家之所以重要，不仅因为其商业价值，而且其与高贵的公寓一样，能使人们与

---

① 中国政法大学刑法律研究中心编译. 美国刑事诉讼法（选编）[M]. 北京：中国政法大学出版社，2001：5.

外界保持一定的距离","家"的意义"不在于房产的使用功能、交换价值,而是它具有的对抗外界侵扰的安全感"①。

1. 现实空间搜查

我国《宪法》第 39 条规定:"中华人民共和国公民的住宅不受侵犯。禁止非法搜查或者非法侵入公民住宅。"直到现在,非法侵入他人住宅仍然是大多数国家刑法所规定的一项重罪罪名(如我国《刑法》第 245 条规定的非法搜查、非法侵入他人住宅罪),其所要表达的仍然是这样一个观念,即"住宅"或者说"家"之于人们生活的重要意义。但是,在美国,隐私权成为理论研究和司法实践者分析研究搜查制度的首选进路,认为搜查住宅首先侵犯了公民个人隐私,特别是侵犯了个人家庭生活信息隐私的主张迅速地占据了上风,甚至在某种程度上隐私权以其强势主张而使人们忘记了搜查所危及的其他个人权益的情形。对住宅之外的其他场所的搜查,比如旅馆、娱乐场所、办公室等公众可以进入的场所,因其不属住宅而缺乏前面所说的宪法性关注。理由不在于这些场所在财产权意义上的价值低于住宅,而在于人们对这些其他场所(或者说公共场所)的权利期待上要低于其对住宅的权利期待,特别是人们在公共场所的隐私期待低于其对住宅所具有的隐私期待。在 Katz 案之前,美国宪法第四修正案的保护范围"从来就没

---

① 中国政法大学刑事法律研究中心编译.美国刑事诉讼法(选编)[M].北京:中国政法大学出版社,2001;6.

有延伸到那些开放性区域"。但是，人们对这些公共场所的隐私或其他的权利期待要低于其对住宅的隐私或其他权利的期待，并不是说这些公共场所不需要相关的法律保护；相反，以美国为分析参照，我们可以发现，自 Katz（卡茨）案将宪法第四修正案的保护范围拓展到公共场所以来，人们在分析警察对公共场所的搜查是否违反了宪法第四修正案时，首先考虑的仍然是人们对该公共场所是否具有合理的隐私期待。所以说，"虽然第四修正案所提到的只是'家'，但是办公室、仓库和其他商业性场所仍然在其保护范畴之中。"①该案后，第四修正案的保护还扩及被人们遗弃的物品，人们讨论的问题已经不在于某个被遗弃的物品是否具有财产权意义上的值，而在于遗弃者在将该物丢弃时是否放弃了自己对该物品所具有的隐私之合理期待。②

但是，从实践的层面来分析，主观的隐私期待与客观隐私的保有可能之间必然存在着差距，在将隐私权推至一个极端的时候，人们发现任何一种价值都不必然地具有终极意义。我们从美国联邦证据规则的演进中可以发现，其无证搜查的例外之门越开越多。理性地分析，我们认为基于人们对住宅和其他公共场所所具有的期待上的差异（这也是一种级差，即人们对住宅的权利期

---

① 中国政法大学刑法律研究中心编译.美国刑事诉讼法（选编）[M].北京：中国政法大学出版社，2001：66.

② 中国政法大学刑法律研究中心编译.美国刑事诉讼法（选编）[M].北京：中国政法大学出版社，2001：67.

待要高于其对其他公共场所的权利期待），法律在对住宅和其他公共场所搜查的程序规制方面可以相应地进行区别。搜查行为证据要求方面，对住宅的搜查程序应当严格规范，实行严格的司法令状主义，原则上禁止对公民住宅的无证搜查，对其他公共场所的搜查程序可以相对放松，在基于公共利益需要时，可以允许一些无证搜查的情形存在。

2. 虚拟空间搜查

科学技术的迅猛发展给犯罪的打击与预防带来了严峻挑战。一方面，科学技术的迅速发展使得传统型犯罪借助于科学技术表现出许多新的特点，并且越来越具有隐蔽性；另一方面，科学技术的突飞猛进催生了许多新的犯罪类型。要研究和解决这两方面的挑战都无法回避一个重要问题，即虚拟空间。犯罪活动借助于虚拟空间或者完全在虚拟空间中进行，必然或多或少地留下犯罪痕迹和犯罪证据。由此，如何建立科学的虚拟空间搜查制度，有效地发现与收集虚拟空间的犯罪证据就成为我们需要认真研究的一个问题。

现今影响力较大的虚拟空间定义，是 1996 年韦特默在"虚拟空间与现实世界"一文中为虚拟空间下的一个较为宽泛的概括："一个由计算机生成的、可与主体产生互动的模拟空间。"①以此定义作为基础，也有人认为：虚拟空间是使用计算机和网络技术，

①　李晓庆.关于虚拟空间与侦查工作的研究[J].辽宁警专学报,2008(6):11.

由一些原来不存在的事物变为实际上可能的或事实上存在的事物,或者将一些原来存在的或事实上存在的事物变为虚拟存在的事物组成的空间。① 还有人认为,以技术发展趋势和犯罪空间的角度将虚拟空间界定为计算机网络、电讯通信网络、有线电视网络三者的融合,并且将利用计算机网络、电讯通信网络、有线电视网络实施的犯罪统称为虚拟空间犯罪。② 上述两种对于虚拟空间概念的阐发,本质上没有多大区别,只是运用了两种不同的定义方式。笔者认为,在研究虚拟空间与侦查措施相结合时,第二种对于虚拟空间概念的定义更为合适。

伴随着虚拟空间的产生和发展,犯罪也蔓延到虚拟空间并且有愈演愈烈的趋势。在此种情况下,虚拟空间搜查也就应运而生。以美国为例,虚拟空间搜查主要是指计算机搜查。计算机搜查(也称"计算机网络搜查")是指通过一定的技术手段,对能够存储数据和信息的硬件设备,主要是服务器和网络终端主机等存储设备(包括移动式存储设备)进行搜索、查找,以发现和恢复与犯罪有关的声音、文字、图片、电子邮件、传真或其他资讯的强制性处分措施。③ 美国所指的虚拟空间搜查主要是指计算机搜查,但

---

① 李晓庆.关于虚拟空间与侦查工作的研究[J].辽宁警专学报,2008(6):12.

② 朱宇夫,杨维亮,汤旭锋.虚拟空间阵地控制[J].江苏警官学院学报,2006(4):33.

③ 王彬.刑事搜查制度比较研究[M].北京:中国人民公安大学出版社,2008:123.

是随着计算机与网络技术向更宽的领域发展,将虚拟空间搜查仅仅局限于计算机搜查已经不能适应实践的需要了。因此,笔者认为,虚拟空间搜查可以定义为:侦查机关借助于计算机和网络技术,为了获取犯罪嫌疑人利用计算机和网络技术所构建的空间进行犯罪的证据而对此空间进行搜索、查找的带有一定强制性的侦查措施。虚拟空间搜查的特征主要有以下几点:

①虚拟空间搜查侵害的主要是相对人的隐私权。由虚拟空间是由计算机和网络技术结合和形成的这一特性所决定,虚拟空间搜查与现实空间搜查中所经常存在的针对人身和财产的强制性相比较而言,虚拟空间搜查极少涉及对相对人人身权和财产权的侵犯,针对的是相对人借助于虚拟空间所储存的数字化的信息资料。

②虚拟空间搜查的权利载体是不可触摸的虚拟世界。现实空间搜查涉及的人身权利和财产权利都是依附于可触摸的具体的某个人的身体和可触摸的具体的物体而存在。虚拟空间搜查所侵犯的主要是相对人的隐私权,而且此种隐私权存在于不可触摸的虚拟世界。

③虚拟空间搜查具有更高的技术要求。虚拟空间搜查中,信息资料是以数字化的形式存在的,人类无论怎样增强自身的基本机能都是无法发现与读懂这些信息和资料的,只有借助于现代化的科学技术将这些数字化的信息资料转化为人的基本机能可以认识的如图画、声音、文字等才能达到搜查的目的。这种查找虚

拟空间中有用的数字化信息资料进而再将其转化为人类可以识别的信息,需要比现实空间搜查更多的技术投入。

④虚拟空间搜查对象具有更高的时间性要求。现实空间搜查中对于时间性的要求较高,以此防止证据的消失或毁灭。相对于现实空间搜查,虚拟空间搜查具有更高的时间性要求。一方面,犯罪分子利用虚拟空间进行犯罪活动很大程度上是利用虚拟空间的隐秘性;另一方面,由于虚拟空间存储信息资料的特殊形式,犯罪嫌疑人对犯罪信息资料的销毁非常容易,但想要对销毁的信息资料进行恢复又十分困难。这就表明时间在虚拟空间搜查中的重要意义。

我国《刑事诉讼法》在 2012 年再修改后,在侦查一章中增加了技术侦查措施。技术侦查,通常认为是采取一定的科学技术手段获取案件信息、证据和缉拿犯罪嫌疑人等侦查行为的总称。一般来说,技术侦查主要包括电子监听、电子监控、秘密录音录像、秘密获取电子资料信息等一系列技术性侦查手段,其主要适用于危害国家安全犯罪、重大毒品犯罪或者其他严重危害社会的、隐蔽性较强的刑事案件。技术侦查措施在实施过程中会对公民的隐私权造成较大影响,因此其审批程序较之其他侦查手段更加严格。笔者认为,技术侦查措施与搜查具有紧密的联系,其本质上也是对犯罪嫌疑人的住宅、个人行为、信息进行秘密搜查检查的行为。技术侦查与搜查的不同之处在于:不需要由侦查人员通过物理的方式直接进入搜查场所进行搜查,取而代之的是使用电子设备对搜查对象的电话、电子邮件信息、上网记录等进行无形的侵入，以截获相关的证据材料。同时，随着科学技术的进一步发展，技术侦查还有可能会出现新的手段。如在美国 2001 年的克罗诉合众国案中，侦查人员就通过热能探测器对克罗的房间进行检测以获取其秘密种植大麻的证据。对此美国联邦最高法院认为，侦查人员使用这种非大众所使用的方法探测个人居所已构成搜查。因此在无搜查证的情况下这一行为为非法搜查行为，其所得的后续一系列证据均为无效。

可见，随着现代科技的进步，技术侦查手段也会越来越多样化，其能轻易地在当事人不自知的情况下实施搜查行为。因此，为防止滥用技术侦查对公民隐私权造成侵害，应将技术侦查纳入搜查制度的规制范围，扩大传统搜查概念的范围，通过对启动程序、实施期限、适用案件种类等一系列问题进行详细规定，以严格限制技术侦查措施的使用范围。

当我们把研究的视角从作为现实存在的人身或场所转向网络等虚拟空间时，我们发现：第一，搜查对象空间的发展——从现实世界到虚拟世界的变化是一种事实的变化，并由事实的变化而导致规则的变化；第二，这种事实的变化还包括搜查方式的变化，并由搜查方式的变化丰富了搜查概念的外延；第三，在对现实空间的搜查过程中，国家权力通过对有形的人身或财产、场所的强制来达到其搜查的目的，而在对虚拟空间的搜查过程中，国家权力则是通过对无形的个人意志（如通讯自由、隐私权益）的强制来达到搜查的目的。不管怎样,对场所搜查的标准应当略低于对第三人的人身搜查,略高于对嫌疑人的人身搜查,这样才能均衡犯罪嫌疑人、被告人与第三人人身与场所之间的价值。由此把场所搜查的证明标准确定为"一定的相信"较为合适,相当于搜查证签发主体内心确信的40%。与之相适应的申请搜查主体的证明要求必须达到:(1)有证据证明场所有犯罪证据或犯罪嫌疑人的可能性;(2)场所主人并不会配合转交或同意搜查;(3)若不搜查将可能导致证据的灭失、转移或犯罪嫌疑人的逃脱。

此外,需要注意的是,我国《刑事诉讼法》2012 年再修改后在证据种类中增设了电子数据。在现代刑事司法活动中,电子数据的使用已经越来越频繁、常见,也必然涉及电子数据的搜查与扣押等问题。由于电子数据具有存储信息量大、易变动等特点,其搜查与传统证据的搜查也存在不同。有学者指出:"电子数据的搜查通常由两个步骤构成:第一,对储存电子数据的物理介质进行①查找和扣押;第二,对电子设备存储的电子数据进行搜查。"②可见,搜查电子数据不仅牵扯到公民的财产权问题,更多地涉及公民的隐私权问题。特别是在侦查人员的第二步搜查过程中,其可以有充足的时间从已被扣押的存储设备中获取大量的信息。

---

① "震慑理论"认为,非法证据排除规则通过排除警察非法行为所获得的证据对其发挥"震慑"作用。当警察意识到其所采取某些手段所获得的证据不会被采用时,他们将来就不再会采用同样的手段来获取证据。

② 陈永生.电子数据搜查扣押的法律规制[J].现代法学,2014(5):114.

因此,对于电子数据的搜查不仅要考虑初步搜查的范围限制,更要深入考虑在对电子存储设备内容进行进一步搜查时如何控制其查看的范围,以保证不侵犯公民的其他信息安全。而我国立法中对于电子数据这一方面的规制尚属欠缺,笔者认为有必要对电子数据的搜查规定更严格的审查制度。

6.5 无证搜查启动要件之重构

(一)附带搜查启动要件重构

刑事附带搜查,是指执法者在逮捕、拘留、羁押被告人或犯罪嫌疑人时,虽无搜查证,也可以搜查该人的身体及其随身携带的物品、所使用的交通工具、立即可触及的场所、住宅或其他处所的制度。目前美国联邦最高法院和我国台湾地区"刑事诉讼法"均认为,只要具备"合法逮捕"和"附带搜查与逮捕同时或者紧接逮捕之后为之"两个要件即为合法的附带搜查。但在美国,该见解已经开始被少数州反对。如加利福尼亚州、阿拉斯加州等认为,即使具备"合法逮捕"和"附带搜查与逮捕同时或者紧接逮捕之后为之"两个要件,仍须依客观存在的情形判断,具备"相当理由"而有附带搜查的必要时,方可为附带搜查,否则会造成警察滥行搜查和违反令状主义之嫌。例如,因违反交通规则而被逮捕之人,除有其他的事实,如手指有血迹等可认为有附带搜查的必要,不可因逮捕即对之为附带搜查。① 英国《1984 年警察与刑事证据法》第 32 条规定,除非警察有合理的理由相信人身或场所具备其他条款规定的情形,否则警察无权进行附带搜查。《日本刑事诉讼法》第 220 条也规定,检察官、检察事务官或司法警官职员在进行附带搜查时,应在必要时才可以进行。

我国现行《刑事诉讼法》并没有附带搜查制度的规定,但司法实践中却存在附带搜查的行为。立法上的空白造成司法实践中的随意性和不确定性。因此,构建我国的刑事附带搜查制度刻不容缓。"他山之石,可以攻玉。"笔者认为,我国《刑事诉讼法》在构建附带搜查制度时,应贯彻"尊重和保障人权"的时代精神,吸收美国和我国台湾地区附带搜查制度的合理因素。具体而言,在设定附带搜查的成立要件和范围时,应注意以下两方面。

其一,对"即时性"要件的修正。应对"附带搜查应与逮捕同时或者紧接逮捕之后为之"这一"即时性"要件进行修正,即于逮捕后经过一段时间为附带搜查,只要是属于具备"正当理由"的迟延,仍应承认是合法的附带搜查。因为在有些案件中,于逮捕后

---

① 刘世兴.附带搜索要件及范围之比较研究[D].台北:台北大学硕士论文,2002:69-70.

立即附带搜查可能极不人道或者极不合理，有损犯罪嫌疑人的人格尊严，而经过一段时间的迟延，并不会危害执法人员及其他相关人员的安全，不会危及部分证据的完整性，此时应承认于逮捕后经过一段时间始为附带搜查的合法性。

其二，须有必要性。实施附带搜查时同样必须恪守比例原则，必须具备必要性，否则不仅有毫无意义的程序上的浪费，以及执法人员滥行搜查和违反令状主义之虞，更是对公民基本权利的侵害。至于何为"附带搜查的必要性"，原则上应该采用个案分析法则，警察具有"合理怀疑"就可以附带搜查，无须达到具有"相当理由"的程度。因为执法人员在执行逮捕任务的过程中，常常面对的是凶恶的罪犯和危险的状态，要求执法人员必须等至"相当理由"后，始能开始附带搜查，将对执法人员及其他人员的安全不利，同样也不利于证据的保全。执法人员根据其经验及当时的情形，只要有"合理怀疑"，在被逮捕人可立即控制的范围内，可能发现凶器或证据，就可为附带搜查。

我国刑事附带搜查的范围，要根据刑事附带搜查"保护执法人员及相关人员的安全"与"证据保全"两个目的来确定，以立即可控制原则，作为附带搜查范围的判断标准，同时兼顾犯罪嫌疑人、被告人的基本权利。执法人员在逮捕犯罪嫌疑人或被告人时，对于该犯罪嫌疑人或被告人立即可控制的范围，执法人员均可以为附带搜查。具体而言，附带搜查的范围包括犯罪嫌疑人、被告人的身体（不包括身体内部，因为身体内部不属于立即可控制范围）、随身携带的物品、所使用的交通工具、住宅和其他场所。附带搜查所使用的交通工具、住宅和其他场所以被搜查人立即可控制的范围为限。如果在场的第三人有相当理由被合理怀疑为持有凶器，有危及执法人员及其他相关人员安全、毁灭证据的可能，执法人员也可对其进行附带搜查。

如前所述，附带搜查存在于合法的刑事拘留、逮捕之后，因为拘留逮捕所需要的证明标准相对已经较高，对之后的搜查不应当重设过高的证明标准，这样不利于犯罪证据的获取，同时增加风险。对此，应当在拘留、逮捕后有怀疑即可启动无证搜查，也即附带搜查的证明标准为"单纯的怀疑"，大概界定在搜查主体内心确信度的10%。这种主观标准外化体现的客观要件是：第一，可能随身携带凶器的；第二，可能隐藏爆炸、剧毒、放射性、急性传染病毒等危险物品的；第三，可能隐匿、毁弃、转移犯罪证据的；第四，可能隐匿其他犯罪嫌疑人的；第五，其他突发性紧急情形。① 不过，前列情形都必须以被拘留人或被逮捕人立即可控制的范围为限。

---

① 陈光中. 中华人民共和国刑事诉讼法再修改专家建议稿与论证[M]. 北京：中国法制出版社，2006：434-435.

（二）同意搜查启动要件设置

同意搜查是上文提及的我国应设的搜查新类型。同意搜查作为一种任意侦查措施，目前已普遍应用于世界各国和地区的侦查实务中。然而，由于同意搜查的实施事先并未经过司法审查，因此其极有可能成为侦查人员滥用权力的借口，如侦查人员以胁迫的方式获得搜查相对人"同意"搜查等。有鉴于此，如何规范同意搜查，成为世界各国和地区司法实务界与理论界不得不认真思考的一个问题。

虽然同意搜查是一种任意侦查措施，但我们不能无限制地实施这一侦查措施。因为从司法政策上讲，实施同意搜查措施本身就具有"打擦边球"的意味，对搜查相对人的隐私权与居住权有潜在的侵犯性，如果不严格规范同意搜查的程序性要件，那么就有可能纵容侦查人员通过采用规避令状限制的方式打着同意搜查的旗号去干违法搜查的勾当。因此，考量同意搜查的自愿性，既是判断同意搜查措施合法性的重要指标，又是防止侦查人员借实施同意搜查之名行侵害公民基本人权之实的重要措施。

从世界上大多数法治发达国家的经验来看，同意搜查的合法性主要取决于搜查相对人意思表示的自愿性，即相对人同意的意思表示必须是自愿的。同意搜查，以搜查相对人"承诺"（同意）为前提，而这种"承诺"在法律上发生效力的唯一前提则是意思表示的自愿性,且搜查相对人的"承诺"必须以明示的方式做出。为了保证同意搜查的合法性,就必须严格审查搜查相对人意思表示的自愿性,特别是当同意是在搜查相对人的人身处于侦查人员控制之下做出时,更应该考察搜查相对人意思表示的自愿性。值得注意的是,要设立一个科学合理的标准以判断什么样的同意才是不受侦查人员胁迫、完全自愿做出的还比较困难。目前各国和地区基本上是根据个案的具体情况来进行判断。例如,我国台湾地区在判断搜查相对人是否自愿时往往是"依具体个案综合情况认定之"[①]。而在美国的司法实务中,联邦最高法院对"同意搜索"的审核通常是"综合一切情状"进行判断,即在进行判断时综合考虑当时的环境,如警察讯问的方式是否有威胁性,同意者主观意识的强弱、教育程度、智商等。[②] 有鉴于此,要判断"同意搜查"是真实的自愿还是被迫的结果,必须结合诸多情况进行综合考虑,以对宪法所保障的众多利益加以调和。[③] 尤其是在一些模糊的"两可"情形中,"度"的把握往往成为区分合法与非法的关键。

其一,人身受到控制的意思自由问题。人身受到控制者,如

---

① 　林钰雄.搜索扣押注释书[M].台北:台湾元照出版有限公司,2001:168-169.

② 　一般认为,在下列情形下,搜查相对人的同意可以认定为非出于自愿:(1)警察展示了武力;(2)众多警察的出现,使搜查相对人以为不论合作与否,警察都会采取进一步的行动;(3)搜查相对人拒绝警察的请求后,警察仍重复不断地请求搜查相对人同意;(4)由搜查相对人的年龄、种族、性别、教育水准、精神状态等显示出,其意志已为警察所屈服。参见:王兆鹏.搜索扣押与刑事被告的宪法权利[M].台湾:台湾元照出版有限公司,2003:146.

③ 　李学军.美国刑事诉讼规则[M].北京:中国检察出版社,2001.

受到逮捕的犯罪嫌疑人,随之而来的是社会地位的贬低、心理的压力与侦讯环境的压迫。在此特殊环境下,其能否如常人一样真实地表达自己的意思不无异议。笔者认为,从搜查相对人的角度看,搜查相对人之所以同意侦查人员对其实施无令状搜查,是因为如果不同意侦查人员进行搜查将导致更多的不利后果。因此,研究同意搜查应当关注搜查相对人的意思表示的自愿性,即搜查相对人在进行利益均衡时是否受到侦查人员的不当干预,而不是关注搜查相对人的身体状态。只要搜查相对人的同意未受到侦查人员的不法强迫或同意事项与侦查人员的不法强迫之间无因果关系,这样的同意就具有合法性。正如美国联邦最高法院的法官在1976年"美国诉沃森案"①中所指出的,被告人被拘禁这一事实并无碍于其同意的任意性。同样,在我国台湾地区的司法实务中,犯罪嫌疑人被逮捕后同意"带同警方前往其住处起赃"的做法,并不违背同意搜查的原则。② 相反,鉴于相对人人身受到控制而否定其同意,进而剥夺相对人进行利益均衡的机会,无疑会进一步造成人身受控者与人身自由者的不平等。当然,如果侦查人员违法拘捕犯罪嫌疑人,客观上造成其心理恐惧而做出"承诺",则不得作为搜查行为正当化的事由。需要特别注意的是,由于侦查人员极易通过控制相对人的身体以迫使其同意。因此,对

---

① See United States v. Watson,423U. S. 411,96S. Ct. 820,46L. Ed. 2d598.

② 林山田.刑事诉讼法改革对案[M].台北:台湾元照出版有限公司,2000: 486.

人身受到强制的相对人同意的自愿性的判断尤应审慎。

其二,"半推半就"的合法性问题。由于同意并不等于心悦诚服或心甘情愿,因此,在侦查实践中经常出现相对人"半推半就"的情形,即搜查相对人对于侦查人员的搜查要求既不明确表示拒绝,也不明确表示同意。对于这种"半推半就"的情形,有学者认为并不妨碍同意搜查自愿性的成立,因为自愿并不等于搜查相对人心甘情愿地接受搜查,其自愿的真正原因(在绝大多数情况下)也可能是出于"趋利避害"的考虑,即以同意搜查来避免侦查人员对其采取更进一步的合法干预。[①] 从理论上讲,令状搜查的规范目的在于禁止侦查人员实施不合理的搜查,只要侦查人员在同意搜查中没有利用胁迫或者欺骗的手段获取证据,都可以阻却令状的违法。因此,虽然在搜查相对人"半推半就"的情形下,侦查人员实施侦查的结果可能对其不利,但这是搜查相对人在进行利益权衡后所做出的真实意思表示,而不是警察欺骗、误导的结果。无疑,我们应当承认这种情形下搜查的合法性。

其三,因被欺骗而"同意"搜查的合法性问题。对于因被欺骗而"同意"的搜查是否构成违法搜查,人们存在不同的看法。由于欺骗与强迫不同,并不具有直接的强制性和侵害性,而且从刑事侦查活动的特性来分析,也不可能完全排除带有欺骗性要素的侦讯谋略的运用。正如我国有的学者所言:"犯罪侦查是一种极具

---

① 林钰雄.搜索扣押注释书[M].台北:台湾元照出版有限公司,2001:172.

对抗性的活动,为有效获取证据,查明案情,有时需要采用带有欺骗性要素的侦讯谋略。刑事司法机关对待犯罪嫌疑人的态度和方法,涉及国家权力与公民权利的合理界限;同时,国家刑事司法行为具有一种社会示范作用。侦讯谋略设计与使用不当,可能损害公民权利,败坏国家形象,损害社会善良风俗,而且也会损害刑事司法效益尤其是长远效益。"①因此,对于因被欺骗而"同意"搜查的合法性往往需要结合具体案件做具体的分析。

在有些情况下,侦查人员虽然在自己的身份问题上欺骗了搜查相对人,但并未隐瞒自己的搜查目的和意图,而随后实施的搜查行为也未超出对方基于该欺骗行为而允许搜查的范围,如缉毒警察化装成机场安检人员,要求旅客打开随身携带的皮包进行检查,结果发现了隐藏在其中的毒品。在这种情况下,侦查人员隐瞒其真实身份的"欺骗"行为,就不构成违法搜查。因为侦查人员尽管隐瞒了其真实身份,但并未隐瞒其搜查的意图,搜查行为是在搜查相对人同意的情况下进行的,而且其搜查行为未超出搜查相对人同意的范围。由此可见,在侦查过程中完全排除实施欺骗是不现实的,单凭欺骗这一事实并不能完全否定同意搜查的合法性,还要看欺骗下的搜查是否超越了搜查相对人同意的范围,这是其合法性的底线。

综上所述,同意搜查必须充分考虑同意的自愿性,才能保证

①　龙宗智.试论欺骗与刑事司法行为的道德界限[J].法学研究,2002(4):22.

搜查的合法性。相应地,同意搜查的证明标准也应当着眼于同意的自愿性方面。把同意搜查的证明标准界定为"单纯的相信"比较合适,也即无证搜查主体本能地相信被搜查者是自愿的,那么这种标准达到无证搜查主体10%的相信度。由此所要求的外在实质要件是:

(1)警察没有展示武力;(2)没有众多警察的出现,使搜查相对人以为不论合作与否,警察都不会采取进一步的行动;(3)由搜查相对人的年龄、种族、性别、教育水准、精神状态等显示出,其意志没有为警察所屈服。

(三)紧急搜查启动要件设置

紧急搜查也是上述内容中提及的我国应当新设的搜查制度。紧急搜查是指在紧急情形下对现行犯的人身或者周围物体的搜查。其主要目的在于保障公共安全,排除社会不稳定因素。我国《刑事诉讼法》规定:"侦查人员进行搜查时,必须向被搜查人出示搜查证。在执行逮捕、拘留的时候,遇有紧急情况,不另用搜查证也可以进行搜查。……发现可用于证明犯罪嫌疑人有罪或者无罪的各种物品和文件,应当扣押。"根据这一法条,侦查机关经批准或依照职权可强行进行搜查,原则上需要搜查证,但紧急情况可例外无证实施。另外规定紧急搜查的相关法律还包括《人民检察院刑事诉讼规则》与《公安机关办理刑事案件程序规定》。除此之外,再无相关的法律规定,其立法的粗疏与不可操作性可见一斑。立法的稀薄加之理论的匮乏导致实际存在的紧急搜查制度或成为侵害人权的助剂器或成为攻击现行法律体制的标靶。因此有必要审视并改进我国的刑事紧急搜查制度。

依法治国原则要求没有合法的搜查证不得进行搜查。但是在情况紧急时,如果申请搜查证将会妨碍对犯罪的侦查并阻挠有效打击犯罪的,可以免除紧急搜查的形式要件,但是必须具备相当的实质要件。美国法律规定有相当理由相信有下列情形发生时,可以实施紧急搜查:(一)及时追击逃亡的重大罪犯的;(二)证据即将毁灭的;(三)防止犯罪嫌疑人脱逃的;(四)防止住宅内、外执法人员或人民遭受危险的;(五)为了公众或者被害人的安全。我国《公安机关办理刑事案件程序规定》第 74 条第二款规定:执行拘留、逮捕的时候,遇有下列紧急情况之一时,不用搜查证也可以进行搜查:(一)身带行凶、自杀器具的;(二)可能隐藏爆炸、剧毒等危险物品的;(三)可能毁弃、转移犯罪证据的。一般而言,紧急搜查的实质理由有如下三种情形:第一,为了逮捕罪犯或者防止罪犯脱逃;第二,为了防止证据的消失;第三,为了保护执法人员、他人或者公众的安全。

关于人的紧急搜查。执法人员必须有相当理由相信被拘留或者被逮捕的人在住宅内或者处所内。这里的相当理由不应解释为百分之百的确信,只要有相当理由即可,例如警察巡逻时,听到室内传来救命的喊声。警察敲门没有人开门,但是救命的声音仍然能够听到,警察破门而入,就属于相当的理由相信。在此情况下,即使室内没有犯罪嫌疑人,警察进入住宅的行为也不存在过失,也没有错误,不违背法定程序。

情况紧急的情形一般限于以下几种情况:第一,有人在室内犯罪而情况紧急,在此情况下如果要求执法人员申请搜查证,实为放纵罪犯,置公民合法权益于不顾。第二,追踪现行犯。所谓追踪必须是追踪行为开始于公共场所,在追捕的过程中,被追捕人逃入住宅,执法人员可以在没有搜查证的情况下进入住宅搜查现行犯。但是,如果执法人员根据群众的举报被追捕人从其他的地方逃走,并在执法人员不知情的情况下进入住宅内,执法人员随后进入被追捕人住宅内将其逮捕的,不构成紧急搜查。如果符合上述要件,不论被追捕人是逃入自己家中还是第三人的住宅内,执法人员都可以进入进行紧急搜查。第三,逮捕被告人或者犯罪嫌疑人。第四,逮捕被通缉犯罪嫌疑人。通缉的原因是被告人逃亡或者隐匿,且必须是被告已经逃亡,如果仅仅是有逃亡的嫌疑,则不能适用此项规定。所以通缉代表着被告人已经逃亡或者藏匿.有事实足以认定被通缉人确实在内的,应当认为属于紧急情况,不需要搜查证进行紧急搜查。第五,逮捕现行犯。逮捕现行犯要件之一为"及时性"。必须是执法人员亲自目睹犯罪发生或者明显有犯罪嫌疑,或者犯罪行为实施完毕后即时被发觉犯罪的。但是对于犯有轻罪的现行犯不应认为是紧急情形,除非属于追击的情形,否则不能无证进入住宅紧急搜查。第六,紧急拘留。

　　关于住宅的紧急搜查。人身自由的剥夺与住宅的隐私侵犯是截然不同的，不能混为一谈。对于现行犯可以无证拘留且可以无证进行紧急搜查，但是并不能当然地推论出其住宅也可以无证进行紧急搜查。因为人身自由与住宅的保护实为完全不同的法益。在此情况下，执法人员必须取得搜查证之后方能搜查住宅。因此对紧急拘留的紧急搜查只限于对人的搜查，而不包括对物的搜查。在判断警察是否因为情况紧急，而无证搜查进入住宅搜查被逮捕人，应考虑下列五项因素：(1)犯罪的严重性；(2)合理怀疑犯罪嫌疑人携带凶器；(3)有相当理由相信犯罪嫌疑人确实牵涉此案；(4)有相当理由相信犯罪嫌疑人藏在建筑物内；(5)如果不立即逮捕，犯罪嫌疑人极有可能逃匿。对于这里的情况紧急情形的判断，宜由法院就个案进行审查判断。

　　综上，我国紧急搜查的证明标准应当略高于附带搜查，略低于同意搜查。把它界定为"合理的怀疑"较为恰当，其程度相当于搜查主体内心确信的 30％。外化为无证紧急搜查的实质要件为：(1)可能危及侦查人员或其他公众的人身安全的；(2)可能导致罪犯或犯罪嫌疑人逃匿的；(3)可能毁灭、转移证据的。

6.6 设立禁止夜间搜查的原则

鉴于上述的理论探讨和法治国家的共识,笔者认为应确立中国式的禁止夜间搜查制度。其具体设想是借鉴法治国家的通行做法,在刑事诉讼上确立禁止夜间搜查原则,对于刑事诉讼中的搜查一般不得于夜间执行。特别对怀疑有犯罪证据存于其住宅但与犯罪无牵连的不知情者应严禁夜间搜查。同时为追诉犯罪的需要做出不适用禁止夜间搜查的例外规定,具体包括:(1)于白昼开始的搜查可以持续到夜间,但不得以此规避禁止夜间搜查原则的适用;(2)被搜查人同意的,且同意是出于自愿的;(3)夜间执行逮捕、拘留的,但对夜间执行拘留、逮捕应予限制,以防借夜间拘留、逮捕规避禁止夜间搜查的规则;(4)遇有紧急情形,包括犯罪嫌疑人可能逃跑,证明犯罪的证据可能被毁灭、转移、隐匿的或需要投入众多警力方能维持原状等待隔日白天搜查的;(5)通宵营业或营业时间较晚的酒吧、饭店、旅馆、舞厅、网吧等娱乐场所和其他夜间一般公众得以自由出入的场所;(6)经常有毒品交易、卖淫、赌博等不法行为的场所;(7)毒品犯罪,严重危及人身安全、危害公共安全的刑事案件。对于夜间的具体界定出于我国打击犯罪的实际需要可以偏向较有利追诉犯罪的一面,即将夜间起始的时间规定较迟将结束的时间界定较早。例如，规定晚上 24 点至凌晨 6 点为夜间的时段。这种原则性和弹性相结合的方式，既可以保护公民的休息权、夜间隐私权，也兼顾了国家打击犯罪的需要，实现价值和利益保护的平衡。

西方著名学者萨默斯在研究程序价值时指出，一项法律程序在两种情况下不具备合法性和科学性：一是没有设立必要的规则使官员拥有太多的自由裁量权，二是没有建立一种确保官员遵守规则的程序机制。程序合法性的价值不在于它能产生好的结果，而在于提供一种来自法律而不是人的程序统治。它的运作将是更加确定的并具有更大的可预见性。而这些本身就是有价值的，因为它们能够确保人们在官方权威面前知道自己所处的位置。①因此对夜间搜查启动的制约和违反规则的制裁，可能是一项比单纯确立原则更为重要的工作。对此应着眼于以下三个方面。

1. 确立夜间搜查的司法令状主义

夜间搜查是整个搜查制度的一部分，因此在现有权力控制模式中对制约搜查最为有效的司法审查同样适用于夜间搜查。具体的制度设计是法官对侦查人员欲予启动的夜间搜查进行事前审查，以决定是否属于可以夜间搜查的例外情形，或侦查部门于紧急情况下进行夜间搜查，被搜查人提出司法审查申

---

① 陈瑞华.通过法律实现程序正义[C]//北大法律评论：第 1 卷·第 1 辑.北京：北京大学出版社，1998：21.

请,法官应对搜查理由和证据进行审查评判,并确认此搜查合法或违法。

2.建立证据排除规则和违法搜查惩戒法律机制

对侦查人员于法律允许范围外的夜间搜查所获得的证据一般应予以排除,但对重大案件的重要证据,如若排除可能影响对案件的审判和重大利益的保护的,则可采用对侦查人员或侦查机关的惩戒代替证据的排除。从整个刑事程序立法来看,我国的非法证据处置规则还比较稀缺和薄弱。因此对违反禁止夜间搜查原则所获得的证据的排除,应在将来构造整个证据规则体系中予以考虑,并做出制度安排。

3.确立国家赔偿制度

侦查人员夜间进入私宅侵犯公民权利有其特殊性。它不仅侵犯公民个人的隐私空间和安全,还侵犯了公民的休息权和安宁权,造成了对公民健康和精神的损害。特别是搜查中涉及的非犯罪嫌疑人的无辜公民,其权益救济不是适用上述证据排除规则所能实现的,因此有必要为嫌疑人之外的其他公民的权利保障设立其他救济途径。例如,在英国警察没有正当理由或未经屋主同意进入住宅搜查被认为是错误的,并构成要求损害赔偿的民事诉讼。我们可以借鉴英国的做法,将违反夜间搜查造成嫌疑人以外的人的权益的侵害纳入国家赔偿的范畴,公民可以通过诉讼请求国家的经济赔偿。

或许有人会以国情和司法传统的不同为依据,得出现阶段我国似不宜采用禁止夜间搜查的结论。笔者并不否认这一客观事实,但是"现代社会的法治即使强调政治状况的不同,也决不能排除法治本身所具有的最大公约数的范围。如果忽视了这一点,那么将会失去法本身决不能妥协的,法律最后的堡垒——对人之为人的生活保障"①。从人类文明的趋势来看,越是重视公民的生命、健康与自由,侦查程序就越缜密;相反,一个人专权的时候他首先是简化法律程序。换言之,确立禁止原则是刑事法治化的趋势和多元价值选择的结果,此其一。其二,禁止夜间搜查原则的确立所需要的是刑事诉讼中侦查层面上侦查机关和侦查人员思维观念和行为方式的适度转变,它并不涉及观念上的重新定位和制度上的根本性再次构建,对侦查效能与司法惯性的冲突较小,应该讲在本土环境里是能够生存的。我们希望这一原则能够早日纳入立法者的视野,毕竟我们的国民背负了太多的义务而享有太少的权利。

6.7　设置电子搜查程序

对于电子数据搜查的程序规范,我国证据法学界目前存在最

---

① 李在龙.中国传统法思想与现代法治主义的法哲学根基[C]//张中秋.中国法律形象的另一面.北京:法律出版社,2002:58.

大的争议就是电子搜查与非电子证据的搜查是否可以适用同一程序规范,是否有必要为电子搜查单独制定一套程序规范,适用既有的一般性搜查程序规范是否足以保证电子证据的合法性。我国《刑事诉讼法》第五章"证据"部分总共 16 个法律条文,其第48 条确定了电子数据的证据地位,第 50 条规定了审判人员、检察人员、侦查人员依法取证和禁止刑讯逼供等非法取证方法。但是,所有关于搜查程序的其他条文均未将电子数据与非电子数据区别开来,没有制定单独适用于电子数据搜查、收集、固定、认证、鉴定和非法证据排除的程序规范,电子数据搜查程序规范由此成为我国《刑事诉讼法》的一大漏洞。最高人民法院 2012 年制定的《最高人民法院关于适用〈中华人民共和国刑事诉讼法〉的解释》第 92 条规定了对视听资料的审查内容,第 93 条规定了对电子邮件、电子数据交换、网上聊天记录、博客、微博客、手机短信、电子签名、域名等电子数据的审查内容。公安部 2012 年修订的《公安机关办理刑事案件程序规定》第 56 条至第 73 条规定了电子数据的证据地位,但同样未单列电子数据的搜查程序规范。最高人民检察院 2012 年制定的《人民检察院刑事诉讼规则(试行)》第 238条至第 240 条规定:对于可以作为证据使用的录音、录像带、电子数据存储介质,应当记明案由、对象、内容,录取、复制的时间、地点、规格、类别、应用长度、文件格式及长度等,妥为保管,并制作清单,随案移送。不过这里规定的是电子数据存储介质,而不是对电子数据本身的搜查与取证。因此,还是存在规范不周延的缺陷。笔者认为,电子数据是科技强侦的重要组成部分,是计算机及信息设备产生的附属品,各行各业都有各自的计算机系统,都会产生电子数据,侦查人员对之可以直接依法搜查,这不属于电子数据的搜查与取证。比如,当前全国各地公安机关在公安部的统一指导下,建设平安视频监控系统,对城市进出通道、高速出入口、辖区各主要路段及重点公共场所的实时视频摄录和动态按需抓拍,形成了一套行之有效的、以视频侦查为辅助的犯罪侦查手段,大大提高了侦查效率和办案成效。问题是对此类视频侦查证据获取程序的规范,目前还存在空白,即对电子数据存储介质进行处理,通过合法的操作规程获得电子数据及分析结论的过程,才是电子数据的检索过程,也就是笔者于本文中将要研究的搜查程序规范问题。

之所以认为电子搜查程序规范需要独立于非电子证据搜查程序是基于如下原因:一方面,电子数据自身的物理特性决定了它是看不见摸不着,不具备传统物证那样的可直接接触的特征。电子数据作为证据之类型,其本质属于信息,生成、发送、接收或存储的手段,包括但不限于电子、光学、磁,旨在证明犯罪事实。迄今,经常见到的电子证据包括电子通信证据、计算机证据、网络在线证据、其他电子数据及其派生形式。对于电子数据的搜查程序,正如美国刑事证据学者科尔教授所强调的那样,必须制定一套新的程序法予以规制。这是因为电子数据在形成、提取、展现、存储等环节中要借助计算机对信息进行编码、压缩、解码等各种技术,同时借助各种电子设备方能完成上述证据形成等的各环节。① 因此,刑事电子取证需要同时运用数字技术和电子技术,取证本身的技术复杂程度远远超过一般的物理证据。另一方面,刑事电子取证的侦查实践尚未丰富和发展到必须立法的程度,立法者也不能凭空臆想必要的程序规范;刑事诉讼活动过程中对电子数据的检索、提取、固定、认证和鉴定等程序规范,即使在英美法系国家也是最近二十年才发展起来的。电子数据被我国《民事诉讼法》第 63 条和我国《刑事诉讼法》第 48 条共同列入法定证据类型之日起至今时间较短,但是,当下我国网络犯罪活动日益猖獗;加之作为大数据条件下的"数据之王",电子数据独有的易变性、隐蔽性及扩散激增性等特征使之不同于传统的有体证据。因此,确实有必要为之出台专门的搜查程序规范以填补立法之缺漏。电子搜查程序规范可以作为刑事诉讼证据法这一一般法中的"特别法",在电子搜查程序规范有规定的时候,优先适用;无特别规定的,则适用我国《刑事诉讼法》第五章的一般性规定。

我国法治实践中对电子搜查的程序性控权机制,主要是沿着"搜查的需要及其审批授权程序"和"搜查所得证据的合法性判断程序"这两个方向发展的。"搜查的需要及其审批授权程序",首先体现为以侦查犯罪的需要为表现形式的法定要求。如,2015年 7 月修正后的我国《国家安全法》第 75 条规定了国家安全机

---

① See State V. Huntsman 1999 WL4137. 4137.

关、公安机关、有关军事机关开展国家安全专门工作,可以依法采取"必要手段和方式"。在这里,法律没有明文提及电子搜查,但是,必要的手段和方式肯定包含了电子搜查,且其使用是基于维护国家安全的需要。根据 2012 年我国《刑事诉讼法》第 134 条的规定,为了收集证据和查获犯罪嫌疑人的需要,可以采取搜查措施;而根据该法第 148 条的规定,公安机关在立案后,对于四类严重危害社会的犯罪案件,根据侦查犯罪的需要,经过严格的批准手续,可以采取技术侦查措施。人民检察院在立案后,对于重大的贪污、贿赂犯罪案件以及利用职权实施的严重侵犯公民人身权利的重大犯罪案件,根据侦查犯罪的需要,经过严格的批准手续,可以采取技术侦查措施。2014 年我国《反间谍法》第 12 条、第 13 条规定国家安全机关因侦察间谍行为的需要,可以采取技术侦察措施:可以查验有关组织和个人的电子通信工具、器材等设备、设施。这三部法律提到的技术侦查措施(无疑包括电子搜查)都应当以侦查犯罪的需要为前提,不得滥用。其次,体现为公安机关、国家安全机关、检察机关对于审批授权搜查的程序性安排。我国《刑事诉讼法》规定,包括电子搜查在内的技术侦查措施必须经过严格的审批程序。至于严格的审批程序的具体步骤和申请、审查和批准的具体程序,我国法治实践中是以公安机关、国家安全机关和检察机关办理案件的内部规范性文件为依据的,是一种内部授权程序。公安机关搜查的申请报告书由设区的市一级以上公安机关负责人批准;检察机关依据侦查对象的职级而设定相应的审查批准程序。特别是,国家安全机关若要采取必要的电子搜查措施,无法知悉其审查批准机关。电子搜查直接涉及公民的基本权利,却缺失了司法预审程序或外部第三方授权程序,这是为学界诟病的原因所在。电子搜查的授权最为理想的固然是司法控制模式,但我国迄今为止的审批程序并未朝着学界期待的方向发展。"搜查所得证据的合法性判断程序"分为两个实质性的阶段,以 2010 年《关于办理死刑案件审查判断证据若干问题的规定》为分界点。之前,我国刑事证据法并未引入非法证据排除规则。根据该规定第 9 条的要求,"搜查提取、扣押的物证、书证,未附有勘验、检查笔录,搜查笔录,提取笔录,扣押清单,不能证明物证、书证来源的,不能作为定案的根据";而该规定第 29 条则规定了对电子邮件、电子数据交换、网上聊天记录、网络博客、手机短信、电子签名、域名等电子证据所要进行的审查判断标准。在该规定实施后,搜查所得证据无须经过合法性转换即可直接使用。2012 年修正的我国《刑事诉讼法》第 48 条规定电子数据与视听资料同为法定的证据形式。该法以法律的形式进一步肯定了搜查所得电子证据的可采性。然而,令人遗憾的是,该法未明确将电子搜查所得证据材料纳入非法证据排除的范围。为了严格电子搜查的任意实施,发挥宪法上基本人权对电子搜查的防御功能,必须构建程序性正当程序的控权机制。

结合对英美法系国家有关法律规定的考察和中国法治的特色,笔者认为,在我国有三类控权机制可供选择:一是由检察机关单独行使对电子搜查证的审查批准之权；二是根据不同情形，由公安机关、检察机关和法院分别行使电子搜查证的审查批准之权，如公安机关申请电子搜查证的，由检察机关审批，检察机关申请电子搜查证的，由法院审批；三是授权法院单独行使电子搜查证的审查批准之权。这三种模式都可以归结为司法控制或准司法控制。但是，无论检察机关还是公安机关审查批准，都是属于法律执行机关内部的自我监督，性质上属于一种行政化监督。行政化审批程序对于控制电子搜查权的任意行使所能够起到的作用是有限的。

坚持搜查申请与审批主体分离是一种较为理想的选择，这是由法院负责对电子搜查证审批的正当性之所在。在制度设计上，应当根据案件管辖分工进行区别：对于公安机关侦查的案件，电子搜查由公安机关提出申请，检察机关进行审批；对于检察机关侦查的案件，由检察机关提出申请，法院进行审批。因为在目前的内部审批体制下，基于机构利益的一致性，无论公安机关还是检察机关的负责人，在搜查证审批过程中都不易做到客观中立。另外，在当前的案件审查体制下，从立案到对犯罪嫌疑人采取强制措施的每个环节系由同一负责人进行审查。所以，在案件事实没有重大变化的情况下，立案之后的每一次审查更多的是一种重复审查，可能导致搜查审批流于形式，而外部审查机制在某种程度上可以克服前述缺陷。不容乐观的是，这种外部的"法院统一审批制"付诸实施可能要面临若干困境。首先，长期实行的内部审批程序、多年累积的习惯做法影响了公安机关和检察机关负责人的思维。其次,法院统一审批制要求法院必须配备专门的电子取证人才,才可能准确判断电子搜查授权的必要性。这无疑会加重法院的工作负荷和人才队伍建设的困难。最后,由法院负责统一审批电子搜查证的程序属于司法预审程序,应当以合议庭审为条件。如此细致的程序设计必定降低搜查授权的行政效率,不能满足及时搜查取证的现实需要。这一现实中的矛盾很可能成为实施法院统一审批制的障碍。尽管如此,刑事搜查作为一项强制侦查措施,因立法文本的粗疏,在运行过程中缺乏权力监督制约,易侵害被搜查人员的合法权益。当前我国的刑事搜查监督手段力度有限,监督效果不甚理想。未来立法有必要以改革搜查令状审批主体为中心,通过完善非法证据排除规则、确立无证搜查备案审查制度与搜查实时监督制度、健全相关辅助措施等方法构建司法化的刑事搜查制度,实现刑事搜查由单一惩罚犯罪功能向惩罚犯罪与人权保障双重功能并重的转变。为此,笔者主张由法院单独行使电子搜查证的审批权,实行司法预审和司法最终原则。根据二阶段电子搜查的法律特征分别授权,再根据案件所涉个人电子数据隐私程度的不同而划分不同类型的电子搜查方式,构造不同层级的法院审批程序;同时,要建立违反法院对电子搜查证的审查批准程序的惩罚机制,即排除非法电子搜查所得证据的合法性。

（一）根据二阶段电子搜查的法律特征进行分别授权

电子搜查证与传统物证搜查证要分别申请、分别授权。电子搜查若被滥用会侵害公民个人的电子数据的隐私权。当国家机关对任何人实施任何有不利影响的行为时，正当法律程序条款就要求程序上的公正性，以保证施加管制或剥夺权利的过程的公正。在美国，最高法院根据不同时期社会需要，不断扩大正当法律程序保障的范围，其实质也是在不断扩大生命、自由和财产的权利保护范围。美国的程序性正当法律程序不同于大陆法系国家的程式化诉讼程序，其内涵和价值相对于后者有着更大的宽度和广度，更具开放性、灵活性和创造性。我国最高人民法院可以借鉴美国的司法经验塑造符合本土刑事法治精神的电子搜查证授权程序。

电子搜查的特殊法律特征一如前论，在此不再赘述。简单套用有形物证搜查证的授权规范，将对有形载体的搜查错误地等同于对有形载体内含的电子数据的搜查，将导致非法证据排除的后果。对电子搜查证的授权应当另行设置一套规范。搜索和发现了可能含有电子数据的计算机、智能手机或带存储功能的移动硬盘，并不等于查到了想要查找的电子数据。载体是有形的存在，而电子数据是无形的存在。电子搜查证原本授权搜查的是电子数据，但实际上搜查的是有形载体，这就是传统意义上的"一阶段搜查程序"。真正实质意义上的电子搜查是要在专门的计算机证据实验室进行的"二阶段的搜查程序"。据此分析,"电子搜查"根本不同于我国《刑事诉讼法》所规定的"搜查"。如果简单地理解电子搜查是对电子数据的搜查,一个不可回避的追问便是:这种肉眼不可见的电子数据能够直白地解读为我国《刑事诉讼法》第134条所规定的"物品"或"有关地方"吗? 众所周知,电子数据的技术特征决定了它们不过是无数1和0的排列组合,是存在于一个二进制的介质空间中的无体物。对于这个条文中的"物品"和"有关地方",刑诉法解释中也未做内涵与外延上的补充说明。也许,当时立法者习惯了有形世界的思维模式,目光停留在传统有体物搜查的层次,自信地认为"物品"或"地方"的概念足以包罗万象,而互联网时代的电子数据也概莫能外。一言以蔽之,我国《刑事诉讼法》的制定者没有重视这种以电子数据为对象的搜查措施,不认为这种电子搜查应当单独立法予以规制。既然我国《刑事诉讼法》未对电子搜查进行明文规定,其也就成为立法的漏洞。目前实际办案中侦查人员对电子数据的搜查成为无法可依的搜查。

基于以上分析,笔者建议在维持我国《刑事诉讼法》第134条内容不变的基础上增加一款,规定:以电子数据为目标的搜查要区别于对其物理载体的搜查,对电子数据物理载体的搜查适用一般搜查证的申请与批准程序,以电子数据为目标的搜查要另行取得电子搜查证,侦查人员在申请书中应列明要搜查的电子数据名称和范围,法院应在其批准的电子搜查证上具体列举许可搜查的电子数据的范围。

(二)根据私密度确定电子搜查证审批的法院层级

个人的电子数据以私密度为标准可做出等级分层,因此有必要根据私密程度的不同等级来确定审批电子搜查证的法院层级。这在根本上契合程序法治的基本原理。程序法治是指通过建构和完善程序法律制度来实现国家法治目标的模式,它强调法律的理性主义和自由价值,尊重以自由为基础的个体之间的平等、理性以及个人的价值和尊严,以程序过程为重心,注重博弈,强化司法的作用。它要求国家权力必须在作为民意代表的代议机关制定的法律授权范围内行使,否则无效;同时,它要求除非事先经过依据调整司法程序的既定规则进行的审判,任何人不得被剥夺生命、自由、财产或者法律赋予的其他权利。因此,电子搜查的实施必须根据一定的程序由一定层级的法院来行使。个人电子数据的私密度可以有多个角度的划分标准,其大致可以分为三个等级:一是日常生活普通数据,如个人发布在微博、微信朋友圈内的照片、自愿公开的电话号码或常用的业务联系电话。对于这类电子数据的搜查证的审批,原则上由基层法院根据公安机关或检察机关的申请即可批准。二是可能涉及具有商业价值的专利、商标、技术诀窍等加密电子数据的搜查证,需要中级人民法院的审批。三是如恐怖主义犯罪、毒品贩卖、重大贪污贿赂、渎职类案件电子数据的搜查证,应统一由高级人民法院审批。为了收集证据和查获犯罪嫌疑人,案件可能涉及多个行政区域或可能要由中级人民法院以上级别的法院一审的,电子搜查证一概由最高人民法院的巡回法庭行使审批权。

2012 年我国《刑事诉讼法》及刑诉法司法解释都注意到了一般性搜查与特别情形下的搜查的需要。为此,在我国构建电子搜查的特别需要原则,有相当的法治基础。例如,刑诉法司法解释第 93 条要求对电子数据应当着重审查电子数据是否随原始存储介质移送,在原始存储介质无法封存、不便移动或者依法应当由有关部门保管、处理、返还时,提取、复制电子数据是否由二人以上进行,是否足以保证电子数据的完整性,有无提取、复制过程及原始存储介质存放地点的文字说明和签名。具体而言,在庭审阶段,公诉人举证。被告人及其辩护人质证的一个重要方向就是要辨析在庭上开示的电子证据的来源合法性,也就是为搜查电子数据而扣押原始存储介质载体的过程合法性。显然,侦查人员是否根据一种特别情形的需要而获得授权,是最核心的问题。在法律层面,我国《刑事诉讼法》关于搜查扣押程序的规定总计 10 条,其中第 134 条至第 138 条是关于搜查程序的规定,第 139 条至第 143 条是关于物证、书证查封、扣押程序的规定。从我国《刑事诉讼法》关于搜查扣押的规定来看,搜查的对象为人的身体、物品、住处和其他有关的地方等有体物,扣押的对象也限于物证、书证。

2012 年修订后的我国《刑事诉讼法》第 48 条对电子数据的搜查扣押程序没有进行专门规定。实际上,在法律层面,我国遵循的仍是搜查扣押程序的传统模式,规制的对象是电子数据存储介质这种有体物的搜查扣押,电子数据这种无体物的搜查扣押程序还是付之阙如。在司法解释层面,实际上突破了我国《刑事诉讼法》关于搜查扣押程序对象的规定。如 2012 年《人民检察院刑事诉讼规则(试行)》第 9 章第 6 节第 238 条明确了电子邮件可以作为调取、查封、扣押的对象。刑诉法司法解释第 93 条、第 94 条关于电子数据审查认定规则已经明确电子数据的收集、扣押过程为审查内容。但是,2012 年《人民检察院刑事诉讼规则(试行)》既没有规定电子邮件扣押的程序和方式,也没有对电子邮件的搜查程序以及其他电子数据的搜查扣押程序做出规定。由于搜查、扣押属于侦查过程中的强制处分行为,刑诉法解释不可能直接规定电子数据的搜查扣押程序而要求侦查机关适用,它只能通过把侦查活动中电子数据收集程序的合法性、规范性作为司法审查内容,"倒逼"侦查机关规范电子数据的搜查扣押行为。2012 年《公安机关办理刑事案件程序规定》第 227 条、第 228 条虽明确电子邮件可以成为查封、扣押的对象,但也没有规定电子邮件及其他电子数据搜查扣押的具体程序。除了上述规范外,其他规范性文件也没有直接规定电子数据的搜查扣押程序。公安机关、检察机关大多遵循其内部工作规定,以勘验、检查、鉴定程序来替代搜查已收集电子数据。例如,2009 年《公安机关执法细则》第 7 章、《计算机犯罪现场勘验与电子证据检查规则》第 4 条、2005 年《公安机关电子数据鉴定规则》第 2 条、2009 年《检察院电子证据鉴定程序规则(试行)》第 4 条、2009 年《检察院电子证据勘验程序规则(试行)》第 3 条等,虽然规定了现场勘验检查程序和对已扣押、封存、固定的电子证据检查,但是均未直接规定可以单独适用于电子数据本身的搜查程序规范。

电子搜查专门程序在 2012 年我国《刑事诉讼法》上的缺失,是因为人们对网络恐怖主义犯罪、网络战争行为以及网络空间主权的侵犯尚未有深刻的认识和切身的体会。时至 2015 年发生的巴黎暴力恐怖袭击,在互联网世界留下了之前招募人员和资助恐怖主义的电子证据,若能够及时实施电子搜查,也许可以避免一场公共安全危机。在风险社会中,特殊情况下的电子搜查确有必要。因此,当公共利益重大而迫切,具有压倒其他需要的至关重要性时,即使个人具有合理的隐私期待利益,政府也可以超越法律执行一般需要的特别需要为由,实施无证电子搜查或实施电子搜查,即使在一定程度上减损程序性正当程序。也就是说,实体性正当程序审查中应确立以特别需要为前提的平衡检验法则,即"特别需要原则"。这也是刑事侦查例外、紧急情形特殊之举措法治化的应有之义。

问题是,法律执行的一般需要和特别需要之间如何划分一条清晰的界线,实属难题。我国《刑事诉讼法》确立了侦查犯罪的需要这条标准,但其只属于法律执行的一般需要的标准。构建电子搜查的特别需要审查标准时应顾及 2015 年 7 月修正的我国《国家安全法》第 10 条、第 33 条规定的"侦察危害国家安全行为的需要"、1995 年我国《人民警察法》第 16 条规定的"侦查犯罪的需要"和 2014 年我国《反间谍法》第 12 条规定的"侦察间谍行为的需要"。这些均应为超越法律执行一般需要的特别需要,即防止公共利益免受恐怖主义、危害国家安全等犯罪活动侵害的重大而迫切的需要。基于此,笔者建议,除我国《刑事诉讼法》的规定外,其余有关"侦查的需要"的规定都应修改为"侦查的特别需要"。如此,实施电子搜查这样的侦查措施在上述情形之下就会获得"特别需要原则"的支持,也就可以避免因此所得的证据不被采信。不过,需要特别指出的是,基于上述我国《国家安全法》《反间谍法》《人民警察法》而实施无证电子搜查对程序性正当程序的减损必须满足"特别需要原则",才能具有实体正当性。质言之,政府在维护重大而迫切的公共利益时,其电子搜查等侦查措施对个人隐私期待利益的损害,在实体正当性上必须接受平衡检验法则的检验。诚如习近平同志在第二届世界互联网大会上指出的那样,世界范围内侵害个人隐私、侵犯知识产权、网络犯罪等时有发生,网络监听、网络攻击、网络恐怖主义活动等成为全球公害。面对这些问题和挑战,国际社会应该在相互尊重、相互信任的基础上,加强对话合作,推动互联网全球治理体系变革,共同构建和平、安全、开放、合作的网络空间,建立多边、民主、透明的全球互联网治理体系。相应地,我国《刑事诉讼法》也应当尽快进行科学的修正,以应对网络空间的各种公害。

6.8 设置违反搜查启动要件的救济机制

构建搜查启动机制时,必须设计相关的救济措施,以限制执法人员滥用附带搜查,保障被搜查人的合法权益,同时保障执法人员搜查的有效性。

1.设置事后审查机制

执法人员在执行逮捕或拘留以及搜查时,必须有逮捕或拘留笔录以及刑事搜查笔录,以记录逮捕或拘留、刑事附带搜查现场执行的状况及结果,然后交由法官审查实施刑事搜查的必要性以及其合法性和范围等。逮捕或拘留笔录以及刑事搜查笔录必须交被逮捕人或被拘留人以及在场人签名,交一份笔录复印件给被逮捕人或被拘留人。若其拒绝签名,应在笔录中说明状况。另外,对于现场应当适当拍照为证,以证明执行逮捕或拘留时的现场状况。

2.对于住宅的搜查设置在场制度

对于住宅的搜查设置在场制度,即在住宅内对犯罪嫌疑人、被告人实施逮捕或拘留,认为有必要进行搜查的,应当允许被逮捕人或被拘留人在场;若其不能在场,应当邀请其同住人或其他人员在场见证。

3.完善我国的非法证据排除规则

我国非法证据排除规则初露端倪,并不完善,其排除的范围仅为言词证据,实物证据不排除。为此,我们要完善我国非法证据排除规则,对于非法搜查所得的实物证据予以排除,从而规范执法人员的行为,这主要是通过排除非法搜查的证据来预防刑事附带搜查的滥用。至于非法搜查的情形,主要包括以下两方面:不符合实施刑事搜查的要件而实施的,其实施范围超出法律规定范围的。如在美国,在非拘禁逮捕中对被逮捕人实施了搜查,搜查所获得的证据为非法证据;在中国台湾或日本,没有实施附带搜查必要性而进行搜查,所获得的证据为非法证据等。上述国家及地区均将超出实施范围的附带搜查所获得的证据予以排除。在我国,由主体不合法而导致搜查的不合理性的,所获得的证据不能作为证据使用。由不符合搜查的前提要件、时间要件、必要性要件以及搜查实施范围的规定而进行的搜查,所获得的证据也应当予以排除。

4.确立对执法人员的惩罚机制

对于执法人员非法适用刑事搜查的行为给予惩罚,追究其民事责任、行政责任乃至刑事责任,以警示执法人员应依法行事,促使其执法前衡量其行为与后果之间的关系。

5.完善国家赔偿制度

我国现行的《国家赔偿法》第 2 条规定,国家机关和国家机关工作人员行使职权,有本法规定的侵犯公民、法人和其他组织合法权益的情形,造成损害的,受害人有依照本法取得国家赔偿的权利。按《国家赔偿法》规定,国家赔偿包括行政赔偿和司法赔偿两大部分。我国可以通过完善我国《国家赔偿法》的相关规定,对非法的刑事附带搜查所造成的物质损害给予赔偿,以救济被非法刑事搜查人的合法权益。另外,应当明确执法人员相关的举证责任,即对于其实施刑事附带搜查的正当性、实施范围的合理性承担举证责任。若其举证不能,则认定其搜查为非法,其搜查所得证据为非法证据,按照上述非法证据排除规定予以排除;给相对人造成损害的,则应当进行国家赔偿。值得一提的是,如由主体不符合法律规定而导致搜查不合理的,实施主体是国家机关或国家机关工作人员以外的人,则不能根据国家赔偿制度进行赔偿,应当视损害情况提起民事诉讼或刑事诉讼。

结　语

　　民主社会永远应当警惕国家暴力的滥用,并相应设置科学的规范制度,防止国家暴力不当侵犯公民权利。一方面,对国家暴力的规范制度是否健全、有效,是评价一国政治民主程度的基本标尺之一。作为国家暴力直接作用于公民个体的重要形式,刑事搜查的启动与否与公民权利息息相关。另一方面,刑事搜查是单方行为,侦查官员的主观意志决定搜查程序的启动与否,作为搜查对象或搜查对象权利人的公民没有启动或拒绝的权利。因此,刑事搜查的启动直接表征国家暴力的规范程度,体现一国司法制度的民主程度:如果国家暴力得到有效规范,则刑事搜查启动必然遵循必要、比例、合理等原则,在追求搜查行为本质目的即发现证据资料或犯罪嫌疑人的同时,对相关公民权利给予最大限度的照顾。反之,若对国家暴力规范不够,则刑事搜查的启动必然呈现随意性强、非比例性、合理性弱等特征。尽管刑事搜查之本质目的在于搜寻进而发现证据资料或犯罪嫌疑人,与逮捕等直接针对人身的强制措施有重要区别,但由于搜查行为必然对搜查对象的人身或处所产生强制,故也是国家暴力对公民权利的压制。任何一次搜查行为的启动,都代表某个体公民的权利在国家暴力压制下被迫减损,因而刑事搜查的启动与否直接关系到人权保障问题。频繁的、无必要的、恣意的、缺乏合理性的搜查行为必然导致人权的损害。因此,如何科学设计刑事搜查启动程序,规范侦查官员的行为,切实保障人权,应当成为一个值得研究的课题。

任何法律制度背后都蕴含着其所追求的特定价值,从而构成法律制度的灵魂和存在根据。刑事搜查启动要件作为实现刑事审判公正有效进行的重要体制保证,它既是对英美法系当事人主义诉讼模式的补充和修正,亦是对大陆法系职权主义诉讼模式的继承和扬弃。只有在契合各国法律传统和具体国情的基本框架内构建刑事搜查启动要件,并按照特殊情形制定出相应的例外,才能合理实现犯罪控制与人权保障的分担与协调、监督与制约,进而从制度上保障刑事诉讼程序的公正高效运行。

参考文献

著作类

［1］陈光中.刑事诉讼法［M］.北京:北京大学出版社,2002.

［2］樊崇义.证据法学(第三版)［M］.北京:法律出版社,2004.

［3］刘品新.刑事证据疑难问题探索［M］.北京:中国检察出版社,2006.

［4］李建明,杨力.证据理论与诉讼实践［M］.哈尔滨:黑龙江人民出版社,2001.

［5］陈一云.证据学［M］.北京:中国人民大学出版社,2000.

［6］陈瑞华.刑事诉讼的前沿问题［M］.北京:中国人民大学出版社,2000.

［7］顾培东. 社会冲突与诉讼机制［M］. 成都：四川人民出版社，1991.

［8］李昌珂，译. 德国刑事诉讼法典［M］. 北京：中国政法大学出版社，1995.

［9］兼子一，竹下守夫. 民事诉讼法［M］. 北京：法律出版社，1995.

［10］乔恩·R. 华尔兹. 刑事证据大全［M］. 北京：中国人民公安大学出版社，1993.

［11］田口守一. 刑事诉讼法［M］. 刘迪，译，北京：法律出版社，2000.

［12］余叔通，谢朝华，译. 法国刑事诉讼法典［M］. 北京：中国政法大学出版社，1997.

［13］龙宗智. 相对合理主义［M］. 北京：中国政法大学出版社，1999.

［14］沈德咏. 刑事证据制度与理论［M］. 北京：法律出版社，2002.

［15］汪海燕，胡常龙. 刑事证据基本问题研究［M］. 北京：法律出版社，2002.

［16］何家弘，刘品新. 证据法学［M］. 北京：法律出版社，2004.

［17］何家弘，译. 外国证据法［M］. 北京：法律出版社，2003.

［18］吴宏耀，魏晓娜. 诉讼证明原理［M］. 北京：法律出版社，2002.

[19] 锁正杰.刑事程序的法哲学原理[M].北京:中国人民公安大学出版社,2002.

[20] 卞建林.刑事证明理论[M].北京:中国人民公安大学出版社,2004.

[21] 陈光中.诉讼法理论与实践[M].北京:中国政法大学出版社,2003.

[22] 刘善春,郑旭,毕玉谦,等.诉讼证据规则研究[M].北京:中国法制出版社,2000.

[23] 王利明,沈德咏.刑事证据制度与理论[M].北京:法律出版社,2002.

[24] 齐树洁.英国证据法[M].厦门:厦门大学出版社,2002.

[25] 曹建明.诉讼证据制度研究[M].北京:人民法院出版社,2001.

[26] 卡斯东·斯特法尼,乔治·勒瓦索.法国刑事诉讼法精义[M].罗结珍,译.北京:中国政法大学出版社,1999.

[27] 麦高伟,杰弗里·威尔逊.英国刑事司法程序[M].姚永吉等,译.北京:法律出版社,2003.

[28] 托马斯·魏根特.德国刑事诉讼程序[M].岳礼玲,温小洁,译.北京:中国政法大学出版社,2004.

[29] 克劳思·罗科信.刑事诉讼法(第24版)[M].吴丽琪,译.北京:法律出版社,2003.

[30] 理查德·A.波斯纳.法律的经济分析[M].蒋兆康,译.北

京：中国大百科全书出版社，1997.

[31] 丹宁勋爵.法律的正当程序[M].李克强，杨百揆，刘庸安，译.北京：法律出版社，1999.

[32] 陈光中.刑事诉讼法实施问题研究[M].北京：中国法制出版社，2000.

[33] 樊崇义.刑事诉讼法实施问题与对策研究[M].北京：中国人民公安大学出版社，2001.

[34] 孙长永.侦查程序与人权[M].北京：中国方正出版社，2000.

[35] 宋英辉，李忠诚.刑事程序法功能研究[M].北京：中国人民公安大学出版社，2004.

[36] 彭勃.日本刑事诉讼法通论[M].北京：中国政法大学出版社，2002.

[37] 刘玫.香港与内地刑事诉讼制度比较研究[M].北京：中国政法大学出版社，2001.

[38] 刘方权.法治视野下的强制侦查[M].北京：中国人民公安大学出版社，2004.

[39] 刘梅香.刑事侦查程序理论与改革研究[M].北京：中国法制出版社，2006.

[40] 王兆鹏.美国刑事诉讼法[M].北京：北京大学出版社，2005.

[41] 宋英辉，孙长永，刘新魁，等.外国刑事诉讼法[M].北京：法

律出版社,2006.

[42] 陈永生.侦查程序原理论[M].北京:中国人民公安大学出版社,2003.

[43] 谢佑平,万毅.刑事侦查制度原理[M].北京:中国人民公安大学出版社,2003.

[44] 陈光中.21世纪域外刑事诉讼立法最新发展[M].北京:中国政法大学出版社,2004.

[45] 陈学权.刑事搜查制度比较研究[M].北京:中国人民公安大学出版社,2008.

[46] 吴宏耀,苏凌.刑事搜查扣押制度改革与完善[M].北京:中国人民公安大学出版社,2011.

[47] 高景峰,杨雄.新刑事诉讼法强制措施解读[M].北京:中国检察出版社,2012.

[48] 袁坦中.刑事扣押研究[M].长沙:湖南大学出版社,2012.

论文类

[1] 周国均.关于刑事搜查几个问题研究[J].法学研究,1992(3).

[2] 刘金友,郭华.搜查理由及其证明标准比较研究[J].法学论坛,2004(4).

［3］崔敏，郭玺.论搜查程序［J］.中国刑事法杂志，2004(5).

［4］闵春雷.完善我国刑事搜查制度的思考［J］.法商研究，2005
(4).

［5］马静华.合意性搜查制度：基础与应用［J］.政法论坛，2005
(4).

［6］蒋丽华.法治视野下搜查程序问题研究［J］.当代法学，2004
(5).

［7］刘方权.对侦查对象的搜查比较［J］.云南大学学报（法学
版），2005(3).

［8］潘利平.我国刑事搜查启动程序问题研究［J］.社会科学研
究，2004(5).

［9］潘利平.试论我国刑事搜查制度的改革［J］.学术论坛，2005
(4).

［10］潘利平.刑事搜查制度问题研究［J］.西南民族大学学报（人
文社会科学版），2003(11).

［11］蒋丽华.完善我国搜查程序之构想——以两大法系搜查程
序为借鉴［J］.北京人民警察学院学报，2005(5).

［12］俞亮，孙景仙.简析美国搜查制度［J］.黑龙江省政法管理干
部学院学报，2003(6).

［13］潘利平.我国搜查证制度的立法缺陷及其完善［J］.人民检
察，2004(6).

［14］王金贵.宪法视野中的刑事搜查问题研究［J］.国家检察官

学院学报,2005(4).

[15] 刘茜珂.刑事搜查[J].法制与社会,2006(3).

[16] 皇甫长城.初论刑事附带搜查制度[J].时代法学,2004(4).

[17] 潘利平.论刑事搜查的理由和条件[J].中国律师和法学家,
      2005(5).

[18] 杨雄.论我国刑事搜查制度的重构——以美国法为参照的
      分析[J].福建公安高等专科学校学报,2006(1).

[19] 宋世杰,黄柳.刑事搜查初探[J].福建公安高等专科学校学
      报,2003(2).

[20] 陈学权.刑事搜查制度研究[J].上海公安高等专科学校学
      报,2003(3).

[21] 严从兵.美国不当搜查对策体系分析[J].湖南省政法管理
      干部学院学报,2002(5).

[22] 刘方权.论搜查的理由及证据要求[J].辽宁警专学报,2003
      (5).

[23] 刘方权.论搜查的正当程序[J].山东公安专科学校学报,
      2002(6).

[24] 但彦铮.论美国的搜查制度[J].山东公安专科学校学报,
      2003(2).

[25] 吴继承.搜查的限制与救济[J].江西公安专科学校学报,
      2005(1).

[26] 瓮怡洁.宪政视野中的刑事强制措施——以搜查和扣押为

范例的考察[J].福建政法管理干部学院学报,2004(4).

[27] 潘利平.论刑事搜查中的人权保护[M]//赵炳寿,向朝阳.刑事法问题研究.北京:法律出版社,2005.

[28] 刘方权.论搜查——以英美法为分析参照[M]//陈兴良.刑事法评论:第12卷.北京:中国政法大学出版社,2003.

[29] 许身健.刑事搜查程序研究[M]//孙谦,张智辉.检察论丛:第5卷.北京:法律出版社,2002.

[30] 宋英辉.关于非法搜查、扣押的证据物的排除之比较[J].政法论坛,1997(1).

[31] 汪建成,祁建建.搜查比较研究[M]//陈光中,江伟.诉讼法论丛:第9卷.北京:法律出版社,2004.

[32] 陈光中.构建层次性的刑事证明标准[M]//陈光中,江伟.诉讼法论丛:第7卷.北京:法律出版社,2002.

[33] 陈光中,等.刑事证据制度与认识论[J].中国法学,2001(1).

[34] 刘金友,李玉华.论诉讼证明标准[M]//曹建明.诉讼证据制度研究.北京:人民法院出版社,2001.

[35] 刘金友.证明标准之我见[M]//陈光中,江伟.证据法论丛:第7卷.北京:法律出版社,2002.

[36] 何家弘.论司法证明的目的和标准[J].法学研究,2001(6).

[37] 李浩.证明标准新探[J].中国法学,2002(4).

[38] 孔祥俊.论法律事实与客观事实[J].政法论坛,2002(5).

［39］王圣扬.诉讼证明标准的反思与重构［J］.中国刑事法杂志，
　　　2002(2).

［40］王斐弘.我国刑事诉讼证明标准的重构［J］.中国刑事法杂
　　　志，2002(6).

［41］何家弘，龙宗智.刑事证明标准纵横谈［M］//何家弘.证据
　　　学论坛：第4卷.中国检察出版社，2002.

［42］孙长永.强制侦查的法律控制与司法审查［J］.现代法，2005
　　　(5).

［43］宋世杰，黄柳.刑事搜查初探［J］.福建公安高等专科学校学
　　　报，2003(2).

［44］谢佑平.刑事诉讼视野中的司法审查原则［J］.中外法学，
　　　2003(1).

［45］吴宏耀.刑事搜查扣押与私有财产权利保障——美国博伊
　　　德案的启示［J］.东方法学，2010(3).

［46］易延友.刑事强制措施体系及其完善［J］.法学研究，2012
　　　(3).

［47］李哲.短期限制人身自由刑事强制措施体系之比较与完善
　　　［J］.国家检察官学院学报，2015(5).

［48］郭烁.论中国刑事强制措施体系的理想模式［J］.苏州大学
　　　学报(哲学社会科学版)，2015(5).

外文类

[1] Richard A. Posner, Economic Analysis of Law, Little, Brown and Company, 1992.

[2] E. Bodenheimisprudence—1hephilosophyandMethodoftheLaw(re visededition) Harva dUniversityPress, 1974.

[3] Pound My Philosophy of Law. C. Morris, The Great Legal Philosophers—Selected Reading sin Jurisprudence, University of Penney lanai Press, 1959.

[4] EU Accession Monitoring Program, Monitoring the EU Accession Process: Judicial Capacity, Open Society Institute, Budapest, 2002.

[5] Herbert A. Simon, "A Behavioral Model of Rational Choice," 69 Quarterly Journal of Economics 99, 114 (1955).

[6] Mark A Graber, "Constructing Judicial Review," 8 Annual Reviewof Political Science425, 427-428 (2005).

[7] Akhil Reed Amar, Fourth Amendment First Principle, 107 Harv. L. R, 1994.

[8] Paul Sutton. The Fourth Amendment in Action: An Empirical View of the Search Warrant Process. 22 Crim. L.

Bull,1986.

[9] Joel Samaha. Criminal Procedure. Fourth Edition，Wads worth Publishing Company,1999.

[10] Schnechloth v. Bust amonte,412 U. S . 1973 .

[11] Covert Police Operations the Disoretionary Ex clusion of Evidence By Sybil Sharpe Clim L R 793(1994).

[12] Entrapment Evidence：Manna From Heaven or Fruit of the Poisoned Tree? By Geoff rey Robert son Q. C. Crim. L. R805. (1994).

[13] Schneckloth v. Bustamonte,412U. S. 218(1973).

[14] Chimelv. California,395U. S. 752(1969).

[15] Terryv. Ohio,392U. S. 1(1967).

[16] Brinegarv. U. S. ,338U. S. 160,176(1949).

[17] U. S. v. Robinson,414U. S. 218(1973).

[18] Elkinsv. U. S. ,364U. S. 206,222(1960).

[19] Camarav. Municipal Court,387U. S. 523(1967).

[20] Chimelv. Calfornia,395U. S. 752(1969).

[21] CharlesH. WhitebreadChristopherSlobogin,CriminalProcedure171 (FoundationPress,1993.

[22] YaleKamisar， WayneR. Lafave， andJeroldH. Israel，ModernCriminalProcedurel，247 (WestP blishing，8d. 1994).

附　录

《中华人民共和国刑事诉讼法》关于搜查的法条规定

第十九条

刑事案件的侦查由公安机关进行,法律另有规定的除外。人民检察院在对诉讼活动实行法律监督中发现的司法工作人员利用职权实施的非法拘禁、刑讯逼供、非法搜查等侵犯公民权利、损害司法公正的犯罪,可以由人民检察院立案侦查。对于公安机关管辖的国家机关工作人员利用职权实施的重大犯罪案件,需要由人民检察院直接受理的时候,经省级以上人民检察院决定,可以由人民检察院立案侦查。自诉案件,由人民法院直接受理。

第一百三十六条

为了收集犯罪证据、查获犯罪人,侦查人员可以对犯罪嫌疑人以及可能隐藏罪犯或者犯罪证据的人的身体、物品、住处和其他有关的地方进行搜查。

第一百三十八条

进行搜查,必须向被搜查人出示搜查证。在执行逮捕、拘留的时候,遇有紧急情况,不另用搜查证也可以进行搜查。

第一百三十九条

在搜查的时候,应当有被搜查人或者他的家属,邻居或者其他见证人在场。搜查妇女的身体,应当由女性工作人员进行。

第一百四十条

搜查的情况应当写成笔录,由侦查人员和被搜查人或者他的家属,邻居或者其他见证人签名或者盖章。如果被搜查人或者他的家属在逃或者拒绝签名、盖章,应当在笔录上注明。

后　记

　　本书是在本人博士论文的基础上历经半年时间修改、完善而成。之所以以这个选题作为博士论文题目，是有感于现实生活中时常发生搜查启动要件不完备而侵犯公民权利的事件。本着既有利于刑事案件的侦查，又有利于维护公民的正当合法权益的初衷，我结合中国刑事司法实际，参阅了中外大量相关资料，就刑事搜查启动要件提出了一点自己的看法。

　　完成博士论文并通过答辩后，我一直觉得书稿中还有很多地方需要完善，因此借着这次出版的机会，我又认认真真地进行了修改、完善。在此过程中，得到了爱人宗会霞女士的大力支持。她时常与我讨论书稿中的一些问题，给我提供了很多修改的思路与建议。在此，对我的爱人表示深深的感谢！

　　本书的出版得到了浙江工商大学出版社的大力支持，以及浙江警官职业学院的大力资助。在此，对所有支持、帮助我的单位和个人表示诚挚的谢意！

因本人学识有限，书稿中尚有很多不完善的地方，在此恳请法律界同仁不吝赐教，提出进一步完善的意见和建议，以备下一步修改、完善，在此先表感谢！

此为后记，期待再版时将更加完善！